歴史データで読み解く

杉並の鉄道

中村建治 著

私鉄の「甲武鉄道」で開業した「中央線」
荻窪へ乗り入れる計画だった「西武新宿線」
「都電杉並線」はなぜ消えた
丸ノ内線・井の頭線は「荻窪線」「帝都電鉄」の名前で誕生
杉並通過の環状線計画もあった

フォト・パブリッシング

INDEX

第1章　総集編

鉄道アルバム **10**

高架化なった阿佐ケ谷駅付近を行く中央線 ／ 高架工事中の阿佐ケ谷駅とボンネットバス ／ 阿佐ケ谷駅前の踏切を待つ人々 ／ 旧蚕糸試験場前の青梅街道を走るラストランの都電杉並線 ／ 腰折れ屋根の名駅・荻窪駅舎 ／ 間もなくデビューの地下鉄終点駅・荻窪 ／ 構内から駅前を覗く下井草駅 ／ 駅前が広かった時代の上井草駅 ／ こう配を上る井の頭線・富士見ヶ丘駅付近 ／ 京王帝都電鉄時代の永福町駅と電車 ／ ホームからの高架・高井戸駅舎 ／ 構内踏切がある久我山駅を出る電車

現旧駅舎アルバム **15**

JR中央線…高円寺・阿佐ケ谷・荻窪・西荻窪 ／ 西武鉄道新宿線…下井草・井荻・上井草 ／ 京王電鉄京王線…八幡山 ／ 京王電鉄井の頭線…永福町・西永福・浜田山・高井戸・富士見ヶ丘・久我山

第2章　現行路線編

中央線←甲武鉄道新八線 **35**
（新宿〜荻窪〜立川〜八王子間）

【新宿〜立川間開通で杉並に初の鉄道】1. 甲武鉄道の建設に住民の反対はあったのか ／ 効果的な判断で一直線ルートを決定へ ／ 2. 区内各駅の開業までの事情 ＝ 荻窪駅……駅用地の献納で揺れて遅れた開業 ／ トピックス：なぜ荻窪駅は高架でなく南北分断駅になったのか ／ 未完成・馬橋駅……中野〜荻窪間2駅設置と「まぼろしの駅」 ／ 高円寺駅……

2

降って沸いた「漁夫の利」的な駅開設 ／ 区内唯一の「民衆駅」として再出発 ／ トピックス：駅メロ、高円寺・阿佐ヶ谷では独自曲を採用 ／ 阿佐ケ谷駅……国会議員のアイディアで設置された政治駅 ／ トピックス：なぜ休日に杉並3駅へ快速電車は停車しないのか ／ 西荻窪駅……村長のリーダーシップで実現した駅 ／ トピックス：杉並区立児童交通公園に設置されている蒸気機関車

西武鉄道新宿線←西武鉄道村山線 63
（西武新宿～上井草～東村山間）

【運動場の設置条件で3駅を確保】当初は荻窪への乗り入れも計画 ／ 3駅を設置する予定はなかった ／ 上井草駅設置の契機となった「プロ野球発祥の野球場」 ／ 当時の風潮から「仕方がない」で走った黄金電車 ／ トピックス：井荻駅における糞尿輸送開始祝賀会の模様

京王電鉄京王線←京王電気軌道線 75
（新宿～八幡山～京王八王子間）

【唯一・八幡山駅は移転で杉並区内へ】中央線沿線の繁栄で発奮しての開業説も ／ 近隣の八幡神社にちなんで駅名改称

京王電鉄井の頭線←帝都電鉄線 82
（渋谷～永福町～吉祥寺間）

【3ルートを発表し競わせて用地取得】郡部から帝都・東京市への移行で「帝都電鉄」へ ／「1年運賃無料」で募集した分譲地も振るわず？ ／ トピックス：ローンも設けて販売した帝都電鉄の分譲地広告文 ／ 地名がないのに開設された富士見ヶ丘駅 ／ 空襲で焼け野原の永福町駅と代田連絡線 ／ 急行停車駅が永福町と久我山駅になった理由

東京メトロ丸ノ内線←営団地下鉄荻窪線 92
（池袋～中野坂上～荻窪・方南町間）

【計画外だった荻窪・方南町への延伸】杉並区地名の路線名「地下鉄・荻窪線」で開業 ／ 方南町駅への延伸は富士見町に車庫があったから ／ トピックス：不便な地下鉄・荻窪駅利用者への国鉄の計らい

第3章　廃止路線編

都電杉並線←西武軌道線 ·········· 101
（新宿〜淀橋〜荻窪間）

【「杉並」の路線名も「廃止第1号」で消滅】五島慶太の尽力で「西武軌道」が開通／猫の目のように二転三転した鉄道会社／トピックス：小半日も世間話でのんびりの阿佐ケ谷交換場所／他系統より3倍の乗客数で「ドル箱路線」に／ラストランの日、車内に響いた「ホタルの光」の大合唱／トピックス：車内に「蛍の光」の歌声響く都電杉並線の終電車／都電杉並線等の停留場名変遷

鉄道大隊訓練線 ·········· 114
（中野村〜杉並村間）

【中野〜天沼間に長大の訓練線路】幅20〜50m、全長4.2kmの訓練用地 ／ 訓練機関車に乗せてもらった子供も ／ 連隊移転後の跡地は馬橋公園などに転用

第4章　未完成路線編

甲武馬車鉄道 ·········· 121
（新宿〜立川〜羽村・八王子間）

【「馬力から蒸気の時代へ」で未成に】玉川上水に舟を浮かべての輸送機関も ／ 馬車鉄道に反対した旧杉並の人々

帝都電鉄線←東京山手急行電鉄線 ·········· 127
（大井町〜杉並町〜西平井間）

【明大前駅には着工路線の痕跡も】カラー刷りの計画路線図など残る資料も豊富 ／ 建設費も捻出できずに理想鉄道は未成に

東京外円鉄道線 ·········· 133
（大井町〜高円寺〜西平井間）

【出願者には杉並町成宗の住民も】東京山手急行と同趣旨・ルートで却下へ

大東京鉄道線←金町電気鉄道線······136
（金町～荻窪～鶴見間）

【荻窪駅を挟み南北へ延ばす計画線】重い工事費や社長死去などで断念

堀之内軌道分岐・延伸線······141
（鍋屋横丁～妙法寺・中野駅間、荻窪～田無・所沢間）

【妙法寺参詣線や荻窪からの延伸線】線路工事も済んで一部では試運転も

西武鉄道荻窪乗り入れ線······144
（田無～荻窪間）

【荻窪から路面電車で新宿へ繋ぐ】前身鉄道・川越鉄道は中央線への乗り入れをめざす

西武鉄道無軌条電車（トロリーバス）線······148
（新宿～荻窪間）

【「敷設、即、都へ譲渡」でNO】「完成後に都へ譲渡の契約はまかりならぬ」と却下

京王帝都電鉄三鷹線······151
（久我山～三鷹～田無間）

【中央線北側の西武圏へ進出めざす】久我山駅から北進する延伸路線構想／ 期待の野球場は不評で計画もしぼむ

京王帝都電鉄地下鉄線······158
（新宿～大宮公園前～富士見ヶ丘間）

【井の頭線へ繋げる部分地下鉄線】丸ノ内線建設前の地下鉄線構想

弾丸列車······160
（東京～下関～北京間）

【起点駅案に高円寺・高井戸・荻窪も】東京～下関間を9時間で走る超特急計画 ／ トピックス：西永福に眠る「新幹線の父・十河信二」／ 軍部が推した高円寺起点駅案 ／ トピックス：戦前に新幹線ができていれば高円寺が始発駅だったかも

エイトライナー …………………………………… **164**
（赤羽～荻窪～田園調布間）

【別計画線と繋ぐ区部外周の地下鉄線】赤羽駅を境に乗り継ぐ2つの半環状線構想

第5章　資料編

現行・廃止・未完成路線一覧 …………………………… **168**

杉並鉄道年表 ……………………………………………… **172**

甲武鉄道(中央線)歴史地図／甲武鉄道開業時の広告／戦前杉並周辺鉄道路線図 … **183**

主な参考文献等 …………………………………………… **186**

【凡例】

1　本著でいう「廃止路線」（廃線）とは、かつて鉄道が走っていたが、現在ではその姿がない路線をいう。「未完成路線」（未成線）とは、計画したものの敷設・開業に至らなかった鉄道路線をいう。未成路線名は出願書等では「○～○間鉄道線」の表記が大半だが、本書では多くに仮称路線名を付けさせて頂いた。

2　鉄道行政用語に、普通鉄道の「免許」、軌道線（路面電車）・鋼索線（ケーブルカー等）の「特許」、工事の「認可」等があるが、「免許」に統一した記載もある。

3　駅の呼称ついては、「停留場」「停車場」、明治期には「ステーション」などと呼ばれるが、「駅」表記の省略や、「駅」に統一した個所もある。

4　明治・大正期等の鉄道文書は、旧漢字やカタカナ、言い回し等で難解な面があるため、努めて現代表現に書き直した。

5　年号・固有名詞などで諸説ある場合は、公文書・社史等に記載してあるデータを優先した

6　廃止日の扱いは「最終営業日の翌日」とされているが、実態に合わせて廃止日の「前日」で記載している路線もある

7　巻末に記載した「廃止路線」「未完成路線」の一覧表は、各書籍等に掲載された資料を転載・引用したものである。

8　古く入手した文献・写真等には、原典・撮影者等が不明で記載できなかったものもある

9　駅名のうち中央線の「阿佐ケ谷駅」の「ケ」は、古写真等を見ると小文字の「ヶ」を使っているが、現JR表記に準じてすべて大文字にした。井の頭線の「富士見ヶ丘駅」は、京王電鉄の駅名表記に従い小文字を使った。

まえがき

5つの鉄道の充実で
「杉並区は住みやすい」と評価

鉄道が我が国に初めて登場したのは今から約150年前の1872（明治5）年10月、新橋〜横浜間でのことでした。現杉並区域を含む多摩郡が7カ月ぶりに神奈川県から東京府に戻った年です。

鉄道が現杉並区域に乗り入れるのはそれから17年後の1889（明治22）年4月、新宿〜立川間で開業した私鉄の「甲武鉄道」（現JR中央線）です。偶然にも旧20カ村を合併させて、杉並・井荻・高井戸・和田堀内の4カ村が発足した年でした。

甲武鉄道開業から2年半後の1891（明治24）年12月には荻窪駅が設置され、鉄道が少しずつ人々の身近な交通機関となってきます。同鉄道は1906（明治39）年10月に国有化され「中央線」となり【写真❶】、約100年前の1922（大正11）年7月には高円寺・阿佐ケ谷・西荻窪駅が開設されます。

駅が増え便数も増えてくると、中央線沿線の人口が一気に増えてきます。戦後の高度成長期には「日本一のラッシュアワー線」として、通勤・通学客を乗せた寿司詰め電車が走ります【写真❷】。身長が高くない自分は、通学時等には息もできないような車内に押し込まれ、随分と苦痛を味わされました。

その中央線も1987（昭和62）年4月に国有鉄道から民鉄・JR（東日本旅客鉄道）へと経営は変わり、ラッシュ電車も緩和を見せてサービスも向上しているようです。

私鉄に目を転じてみますと、現在では大正時代開業の京王電鉄

【写真❶】杉並3駅開業の翌年に荻窪駅西側を走る中央線の汽車（1923年）
提供：区広報課

京王線と昭和初期の西武鉄道新宿線、京王井の頭線、そして戦後に登場した地下鉄丸ノ内線の4路線が区内を走っています。一時は大正時代に開業した路面電車の「西武軌道線」を引き継いだ「都電杉並線」もあり、中央線を加えると6路線が区民の足として活躍していました。

現在では都電が無くなったため5路線の運行となっていますが、郊外の1自治体にこれだけの数多い路線が走るのは珍しいことです。

区民は「杉並は住みやすい」と感じ、その理由として「交通の便」（2022年度「区民意向調査」）をトップに挙げています。5路線とともに、区内を縦横に走るバス便も加えて、交通の利便性は杉並生活の大きな魅力となっているようです。

こうした経緯を経て、区民の足として活躍する区内鉄道のうぶ声時代や廃止した路線、未完成に終わった路線を、古写真・古地図・路線図・鉄道文書・新聞記事等の資料をひもときながら、その歴史を体系的に辿ってみました。

私はこれまでも「鉄道誕生シリーズ」や「消えた！東京の鉄道シリーズ」などで、杉並の鉄道歴史を断片的に書いています。今回は第2の故郷ともいえる杉並に感謝を込めて、改めて鉄道に特化した本を著し、その歴史を後世に残すことにしました。

出版にあたっては区立郷土博物館・広報課を始め、区内の施設・機関、鉄道関係者、鉄道サークルの仲間など、多くの方々の協力をいただきました。改めて感謝・御礼を申し上げます。

2024（令和6）年8月　中村 建治

【写真❷】通勤客などで溢れる阿佐ケ谷駅の上り線ホーム　提供：区広報課

杉並の鉄道

第1章
総集編

鉄道アルバム

現旧駅舎アルバム
JR中央線
西武鉄道新宿線
京王電鉄京王線
京王電鉄井の頭線

鉄道アルバム

高架化なった阿佐ケ谷駅付近を行く中央線 新たに通勤用として導入されたオレンジ色車体の101系の東京行き電車が、高架となった阿佐ケ谷駅付近を走る(1967年10月頃) 撮影:長渡朗

高架工事中の阿佐ケ谷駅とボンネットバス 混雑する中央線の解決のために、国鉄は高架複々線化を進める。工事中の阿佐ケ谷駅だが、駅前には関東バスのボンネットバスが待機している(1964年1月)
所蔵:区立郷土博物館

阿佐ケ谷駅前の踏切を待つ人々

地上線だった時代の中央線・阿佐ケ谷駅東側の踏切で電車通過を待つ人々。奥には東京名物に成長した「阿佐谷七夕まつり」を始めたばかりの旧「阿佐ヶ谷商店街」(現パールセンター)の入り口が覗く(1963年8月) 撮影:中村恒

旧蚕糸試験場前の青梅街道を走るラストランの都電杉並線

青梅街道を約40年間にわたり走ってきた都電杉並線はいよいよ最終運転を迎える。ラストランには沿道で区民や鉄道ファンなどが別れを惜しんだ(1960年) 撮影:辻阪昭浩

腰折れ屋根の名駅・荻窪駅舎

腰折れ屋根(マンサード)の中央線・旧荻窪駅北口駅舎は名デザイン駅舎として知られた。高視聴率のテレビ番組「君の名は」の舞台になったこともある(1952年頃)
所蔵:個人

鉄道アルバム

鉄道アルバム

間もなくデビューの地下鉄終点駅・荻窪

開業を控えて準備をする地下鉄荻窪線終点・荻窪駅。祝開業の緑柱もほぼ完成だ。駅前には高層ビルもなく、現在との大きな違いを実感する（1962年1月）　撮影：辻坂昭浩

構内から駅前を覗く下井草駅

西武新宿線・下井草駅で、まだ木造改札口が活躍している。「定期券ははっきりお見せください」の看板がみえる。当時、きっぷ客には駅員が一枚一枚にはさみを入れていたものだ。（1965年2月）　提供：西武鉄道

駅前が広かった時代の上井草駅

開業時の初代駅舎時代の光景で、車両は1962年頃から登場したモハ601形。駅前は現在では線路をまたぐ道路となり交通も激しくなっているが、当時はしっかりとした「駅前広場」が健在だ。（1980年頃）
所蔵：個人

こう配を上る井の頭線・富士見ヶ丘駅付近 線路を敷くときに現環状8号線とを立体交差にするため土盛りをした。必要とする土は富士見ヶ丘付近から確保した。このため同地付近は平地と化し、井の頭線は緩やかな上り坂を走る（1956年頃） 出典：「富士見ヶ丘写真集」（撮影：北川仁）

京王帝都電鉄時代の永福町駅と電車 永福町駅を発車する井の頭線・吉祥寺行き1000系電車。撮影日前年の1970年に検車区・工場が富士見ヶ丘駅〜久我山駅間に移転しばかりの写真で、跡地は現在バス営業所となっている（1971年12月） 撮影：森川尚一

鉄道アルバム

鉄道アルバム

ホームからの高架・高井戸駅舎 珍しい高架ホームから井の頭線・高井戸駅舎の写真。乗客は数十段の階段を上がってきてから、築堤上の駅舎の改札口を抜けて電車に乗車した。現在ではエレベーターも設置され便利になっている（1960年）　提供:京王電鉄

構内踏切がある久我山駅を出る電車 緑豊かな井の頭線・久我山駅で、吉祥寺行きのデハ1700形電車が発車している。島式ホームには駅舎が建つ。ビル化した現駅舎しか知らない世代には想像がつかない光景だ（1953年）　提供：京王電鉄

現旧駅舎アルバム
ＪＲ中央線

　JR中央線は1889（明治22）年4月、新宿〜立川間で産声をあげた「私鉄・甲武鉄道」が前身鉄道。杉並区内では開業の2年半後に荻窪駅が設置される。その後に高円寺・阿佐ケ谷・西荻窪駅が一斉に開き、杉並区は中央線沿線を中心に交通便利な住宅地として発展していく（35頁参照）。

中央線の特急としてデビューした「あずさ」の出発式（1966年12月）　撮影：辻阪昭浩

新たに通勤用に導入されたオレンジ色車体の101系の東京行き電車が、高架化とならなかった地上線の荻窪駅付近へ向かう（1967年10月頃）　撮影：辻阪昭浩

中央線が新宿〜八王子間で開業して130年を迎えた2019年、JR東日本では記念イベントとして「ラッピングトレイン」を走らせた。

高円寺駅 （高円寺南4-48-2）

中央線の電化が吉祥寺駅まで延伸したのを機に、阿佐ケ谷・西荻窪駅と同時に開業した。駅名は村名からだが、近くの社寺・高円寺がその由来。当初は中野〜荻窪間の中間地点に馬橋駅（仮称）を設置する予定だったが難航し、阿佐ケ谷駅と高円寺駅の両駅を開設することで決着する。開業時からの三角屋根駅舎は戦時の1945（昭和20）年5月に焼失してしまう。先代駅舎は1952（昭和27）年に全面改築したが、ホテルを併設することになり2007（平成19）年3月、現在の駅舎になった（50頁参照）。

開業から30年後の高円寺駅で2棟に分かれている（1952年）
出典：「躍進の杉並」

JR系ホテルも入って新築された現ビル型の北口駅舎

噴水が象徴的な先代駅舎の北口。南口の信用組合ビル看板の上部が覗く（1999年）

阿佐ケ谷駅（阿佐谷南3-36-2）

　中央線の電化に伴い開業された駅で、当初の駅は東側の旧馬橋村付近に設置される予定だった。最終的には地元住民の賛同が得られず馬橋村への設置はご破算になる（47頁参照）。その結果、阿佐ケ谷駅と高円寺駅が実現する。初代駅舎は三角屋根だったが、1966（昭和41）年4月の複々線・高架化に伴い改築された。現駅舎は2003（平成15）年5月にリニューアルしたもので、しゃれたデザインとなっている。駅の所在地は住居表示に伴う「阿佐谷」だが、駅名は「ケ」が入った開業時の地名「阿佐ケ谷」を使っている。「ケ」は正式には大文字だが、古写真を見ると小文字の「ヶ」も見られる（53頁参照）。

高架になる以前の南口駅舎（1964年頃）　所蔵：区立郷土博物館

高架化されて南北の通り抜けは容易になった（1997年）

改築でしゃれたデザインの駅舎に衣替えした

荻窪駅（上荻1-7-1）

　青梅街道と甲武鉄道の交差地点でもある荻窪付近は開業時から駅を開設する予定だった。だが駅用地の寄付をめぐっての話し合いがまとまらず、設置は鉄道開業から2年半後の1891（明治24）年12月になってしまう。初代駅舎は南口に建てられたが、駅北側に中島飛行機工場が設置されたこともあって1927（昭和2）年3月、北口に腰折れ屋根の駅舎を建設した。1963（昭和38）年6月には複々線化や老朽化もあり四角い駅舎を建設するが、再開発に伴い1981（昭和56）年9月には7階建ての駅ビルに入って現在に至る（41頁参照）。

腰折れ屋根に丸窓があるしゃれた北口駅舎（1952年）
所蔵：区広報課

ルミネが入って高層化された現在の北口駅舎

ビル型になって登場した北口駅舎（1977年）　撮影：田中政典

西荻窪駅 （西荻南3-25-1）

吉祥寺駅までの電化に伴い1922（大正11）年7月、阿佐ケ谷・高円寺駅と同時に開業した。荻窪～吉祥寺間へ1駅設置ということで場所的に問題は無かったが、用地確保では苦心する。当時の井荻村長・内田秀五郎を中心に寄付を求めて村内を歩く。だが地主は「耕地の減少は収入の減少につながる」と猛反対するも、「道路がよくなれば農作業が楽になる。土地効率が高くなるから減少分はカバーできる」と説得した。その結果、駅用地をまかなうには十分な寄付があり、余った資金で現北口の通り（現西荻窪北銀座通り）を開通させたという（59頁参照）。

ボンネットバスが乗り入れていた頃の北口駅舎（1952年）
所蔵：区広報課

高架化で新築された駅舎で、外見は現在とあまり変わらない（1978年）
撮影：田中政典

高架化から半世紀が経つも旧駅舎の雰囲気を引き継ぐ

現旧駅舎アルバム
西武鉄道新宿線

　1894（明治27）年4月開業の「川越鉄道」（現国分寺〜本川越間の現西武国分寺線）が前身鉄道。後に「西武鉄道」となり1927（昭和2）年4月、路線名「村山線」で高田馬場〜東村山間を開業し、区内3駅が設置される。1952（昭和27）年3月には現西武新宿駅まで延伸されたことで、今の「新宿線」と改称した（63頁参照）。

終戦から5年後の井荻駅付近を走るモハ352形電車（1950年）　所蔵：区広報課

田園風景が残る下井草駅東側を行くクハ1411型電車（1952年5月）
所蔵：区広報課

西武新宿駅が駅ビル化された直後の新宿線2000系電車（石神井駅付近・1977年4月）　撮影：辻阪昭浩

下井草駅（下井草2-44-10）

鉄道開業時の1927（昭和2）年4月に設置された駅。駅名は字名（旧豊多摩郡井荻町字下井草）から取っている。島式ホームだったが1982（昭和57）年8月、駅は相対式へ替わった。2007（平成19）年2月に現在の橋上駅舎へ改築された。

初代を引き継いだ時代の三角屋根の駅舎（1976年）
撮影：田口政典

1982年に完成した横に長い先代駅舎

太陽光発電設備を備えて一新された現駅舎

井荻駅 （下井草5-23-15）

　他の区内駅と同じように1927（昭和2）年4月に開業された。駅名は地名（旧豊多摩郡井荻町）が由来。井荻は「井草」と「荻窪」から採った複合地名。当地の中心的な地域であったため当初から開業予定だった。1997（平成9）年5月には相対式2面3線のホーム駅へ改築、1999（平成11）年からは北口も開いている。

駅看板にはローマ字表記も見える（1965年）　提供：西武鉄道

看板からはなぜかローマ字表記も消えている（1977年）
撮影：田口政典

構内踏切を廃止して近代化された現駅舎

上井草駅（上井草3-32-1）

1927（昭和2）年4月からの駅だが、初めは設置予定がなかった。地元の熱意で設置されるが、駅用地提供や上井草運動場設置などの条件が整い日の目を見た。駅名は字名(旧豊多摩郡井荻町字上井草)から取った。開業時からの駅舎は1987（昭和62）年3月、現駅舎（南口）に改築し使用を開始した(67頁参照)。

まだ周辺にはビルも見えない。今となっては珍しい釣道場の看板も
提供：西武鉄道

周辺にビルも建ち駅前広場もにぎやかになってきた（1977年）
撮影：田中政典

駅前にはモニュメントも設置され、発車メロディーも機動戦士ガンダムに替わった

現旧駅舎アルバム
京王電鉄京王線

　1913（大正2）年4月に笹塚～調布間を開業させた「京王電気軌道」が前身鉄道で、本来は軌道線（路面電車）でスタートした。京王は「東京」と「八王子」から採った複合社名。戦後の1948（昭和23）年6月に帝都電鉄と合併し「京王帝都電鉄」となり、1998（平成10）年7月に現在の「京王電鉄」と改称した。杉並区内の駅は八幡山駅だけだが、区隣接の芦花公園駅や下高井戸駅等では多くの杉並区民が利用している（75頁参照）。

京王初の16m級車体で登場した千歳烏山付近を走る通勤型2000系電車（1958年）　撮影：辻阪昭浩

旧下高井戸駅を2200系電車が通過する（1961年）　所蔵：世田谷区立郷土資料館

1963年に新宿～東八王子間を結ぶ特急として走り出した5000形電車
撮影：辻阪昭彦

八幡山駅（上高井戸1-1-11）

　京王線のうち杉並区内でただ一つの駅。鉄道開業から5年後の1918（大正7）年5月、地名（荏原郡松沢村）から取り「松沢駅」で開業した。1937（昭和12）年9月には駅名の観光化から「八幡山駅」へと改称するが、付近にある「八幡神社」が由来とされる。駅舎は1954（昭和29）年4月に西側の現・杉並区内へ移転。高架化で1970（昭和45）年に改築した（77頁参照）。

東側の杉並区内へ移設して間もない頃の駅舎（1957年頃）　出典：杉並区史

高架化されて改築された駅舎
（1992年）　撮影：田口政典

新装されて小綺麗な
駅舎に変身した

現旧駅舎アルバム
京王電鉄井の頭線

　1933（昭和8）年8月に「帝都電鉄」が敷設した路線。戦時には小田急電鉄や東京急行電鉄（現東急電鉄）の経営となるが、東急時代の1942（昭和17）年5月に「井の頭線」と改称している。戦後の国策で「帝都電鉄」と「京王電気軌道」が統合し「京王帝都電鉄」の経営となる。1998（平成10）年7月に現在の「京王電鉄」となる。全17駅中6駅が杉並区内に所在する（82頁参照）。

のどかな富士見ヶ丘～高井戸間を行く2000系電車（1959年）
出典：「富士見ヶ丘の写真集」　撮影：北川仁

急行運転を控えて永福町～明大前間を走る3000系電車（1971年12月）
撮影：森川尚一

高井戸駅前の清掃工場と高齢者施設を右に見て吉祥寺方面に向かうレインボーカラーの3000系電車（2009年）
撮影：辻阪昭浩

永福町駅（永福2-60-31）

「帝都電鉄」（現京王井の頭線）開業時の1933（昭和8）年8月、他の区内駅とともに設置した駅。駅名は地名（旧杉並区永福町）が由来だが、永福は近くの社寺・永福寺から来ている。駅は戦時の大空襲で壊滅状態になる。1970（昭和45）年4月までは構内に検車区・工場があった。旧駅舎は2010（平成22）年3月に橋上化し、駅ビル「京王リトナード永福町」に入る。駅の2階には初代駅舎の写真が掛かる。

戦後まで木造時代の駅舎が残る（1955年頃）
提供：京王電鉄

急行停車駅に伴って一層主要な駅となっていく（2007年）

橋上駅舎に替わりビル化され複数の店舗も入った

西永福駅（永福3-36-1）

「帝都電鉄」（現京王井の頭線）が開業時の1933（昭和8）年8月に設置した駅で、駅名は永福町駅の西側にあることが由来。旧駅舎は2008（平成20）年3月、橋上の現駅へ改築される。開業時の駅周辺は閑散としていたが、帝都電鉄が分譲地販売に力を入れての宅地化が進みにぎやかになったという。

構内踏切も見える（1960年頃） 提供：京王電鉄

改札口は南口1カ所時代の駅舎（2003年）

橋上駅となり立派な駅舎に改築された

浜田山駅 (浜田山3-31-2)

開業時の1933(昭和8)年8月に開業した駅。駅名は開業前年に誕生した杉並区の新町名・浜田山(旧大宮町・永福町の字名)が由来だが、地名は当地に山林を持っていた新宿の豪商・浜田屋与兵衛にちなむとされる。駅の南北では阿佐ケ谷駅・下高井戸駅行きのコミュニティーバス「すぎ丸」が発着している。

木造の質素な駅舎時代(1960年頃) 提供:京王電鉄

駅前の商店街も育ちにぎやかになってきた頃の駅舎(1982年)
撮影:田口政典

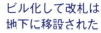

ビル化して改札は地下に移設された

高井戸駅 (高井戸西2-1-26)

　環状8号線を跨ぐように設置されている高架駅。1933(昭和8)年8月の開業で、駅名は地名の「高井戸」が由来。開業時からの高架駅で、階段を上って改札口に辿る駅への階段ルートは健在だ。旧駅舎の写真には今はないバス発着の様子も見える。2006(平成18)年12月に駅舎をリニューアルして「京王リトナード高井戸」の中に入る。

長い階段を上って改札口に向かった。駅前にはバス発着所が見える(1957年)
提供：京王電鉄

エレベーターが付くなど改札口へのルートも改善された

環状8号線もできて駅前は車でにぎやかになってくる(1966年)
所蔵：区広報課

富士見ヶ丘駅（久我山5-1-25）

1933（昭和8）年8月の開業駅だが、井の頭線の区内駅としては乗降客が約1万400人と最も少ない。駅設置に当たっては「線路を敷く際に使う盛土は、地元の協力で確保できたから、感謝を込めて駅を設置した」という。駅名の富士見ヶ丘という地名は存在しないが、各地に見える「富士山が見えた土地」からとされる。1970（昭和45）年に車庫・検車区が永福町駅から移転している。

京王地下鉄（158頁参照）の終点になっていたかもしれない同駅（1955年頃）
提供：京王電鉄

改築されて駅舎がやや大きくなっている（1958年2月）　出典：「富士見ヶ丘の写真集」　撮影：北川仁

2010年の改築で南北の移動が容易になった

久我山駅 (久我山4-1-11)

　他の駅と同様に1933 (昭和8) 年8月の開業駅。付近には大学進学で実績を残す都立西高やスポーツで知られる国学院久我山高など、全国的に知られた高校がある。乗降客は約3万6000人ほどで区内駅では第1位を誇る。駅名は古来からの地名 (古くは久ヶ山村とも) が由来。かつての駅舎は小さな木造駅舎だったが、2005 (平成17) 年に橋上駅舎へ変わり駅ビル風の雰囲気を見せる。

南北の移動には構内踏切を使った (1933年)
提供：区広報課

平屋駅舎時代だがマンションも増えてくる (1980年)　撮影：田口政典

橋上駅舎となり駅ビル風に改築された

(※地下鉄の駅舎は開業以来大きな変化がないので省略した)

杉並の鉄道

第2章
現行路線編

中央線←甲武鉄道新八線

西武鉄道新宿線←西武鉄道村山線

京王電鉄京王線←京王電気軌道線

京王電鉄井の頭線←帝都電鉄線

東京メトロ丸ノ内線←営団地下鉄荻窪線

杉並村などの成立と同時期に甲武鉄道が開業

　杉並区には現在、5つの鉄道路線が東西・南北に走り区民の足として活躍している【図絵❶】。

　現行路線として初めて現杉並区に鉄道が登場したのは、今から140年ほど前の1889（明治22）年4月に新宿～立川間を走った「甲武鉄道」（現JR中央線）である。その年の5月には各旧村を統合して東多摩郡の「杉並」「井荻」「高井戸」「和田堀内」の4カ村が発足する（ちなみに4カ村が町になるのは杉並が1924年6月、2年後の1926年7月には井荻・高井戸、和田堀内が和田堀町と改称して、各村がそれぞれ町制を敷いた）。

　そして1932（昭和7）年10月、東京市部拡大に伴う大東京市制度の導入で、杉並・井荻・高井戸・和田堀の各町は合併して、東京35区の一つとしての「杉

【図絵❷】新しい交通機関として地下鉄が荻窪へ乗り入れてくる（1962年）
出典：「荻窪線建設史」

並区」が誕生する。東京市部への町と発展し、人口が増えるに従い杉並区の鉄道網も充実していく。

　甲武鉄道が走っても鉄道と関係が薄かった現杉並地域だが、開業から2年半後に荻窪駅が開設されると、初めてその恩恵に預かることとなる。1906（明治39）年10月に甲武鉄道は国有化され「中央線」となり、大正時代には高円寺・阿佐ケ谷・西荻窪駅が開設される。

　私鉄に目を転じてみると大正時代に、「京王電気軌道」（現京王電鉄京王線）と「西武軌道」（後の都電杉並線）

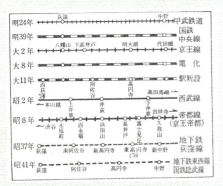

【図絵❶】杉並の鉄道開業の経緯
出典：「杉並区政概要」（1967年版）

が路面電車（軌道線）として起業する。昭和に入ると「西武鉄道・村山線」（現西武鉄道新宿線）と「帝都電鉄」（現京王電鉄井の頭線）が敷かれ、戦後には地下鉄の「帝都高速度交通営団荻窪線」（現東京メトロ丸ノ内線）が終点・荻窪駅へ乗り入れてくる【左図絵❷】。

一時は国鉄を含めて6路線が走っていたが都電杉並線が廃止となり、現在では5路線（JR総武線、地下鉄東西線は乗り入れ路線のため省略した）が長い歴史を刻みながら今日に至っている。これら現行5路線の歴史を、鉄道文書などの歴史データとともに振り返ってみた。

現行路線 1

中央線←甲武鉄道新八線
（新宿～荻窪～立川～八王子間）

新宿～立川間開通で杉並に初の鉄道

DATA
事業者：JR東日本（東日本旅客鉄道）←日本国有鉄道←鉄道省←鉄道院←甲武鉄道
区　間：新宿（新宿区）～高円寺～阿佐ケ谷～荻窪～西荻窪～立川（立川市）～八王子（八王子市）間
距　離：約37.1km
開　業（新宿～立川間）：1889（明治22）年4月11日
全　通（新宿～八王子間）：1889（明治22）年8月11日
国有化：1906（明治39）年10月1日
区内駅開業：荻窪：1891（明治24）年12月21日、
　　　　　　高円寺・阿佐ケ谷・西荻窪：1922（大正11）年7月15日

［ 1. 甲武鉄道の建設に住民の反対はあったのか ］

1881（明治14）年頃から時代の進展によって、馬力動力から蒸気動力【写真❶】への動きが盛んになる。

始めは動力を馬によって走らせようとした「甲武馬車鉄道」（121頁参照）が起業する。しかし馬力による鉄道では限界があるとして1886（明治19）年12月に蒸気動力へ変換

【写真❶】甲武鉄道開業時に走ったイギリス製6号機関車前での機関士等による記念写真（立川駅）

【右頁・鉄道文書】、「甲武鉄道」と改称して新宿から八王子に向けて建設へ入る。

甲武鉄道の建設ルートに対して「この路線計画ははじめ人口の集中した甲州街道および青梅街道沿いに予定されていたのであったが、街道筋の宿場の人々が旅人の素通りを恐れて反対したり、農家においても養蚕業の桑などへの影響を懸念する声が高まり、いわゆる岡蒸気敷設反対運動の結果、両街道を大きくそれることとなって、田園・雑木林を西に向かって一直線に伸びる新宿〜立川の路線となったのである」（「新修杉並区史」）と、住民の反対によって甲州街道沿線等から現在の一直線路線に変更したとされる。

「中野区史」「武蔵野市史」「三鷹市史」「田無市史」「立川市史」など沿線区市史でも、「住民の反対で現在の中央線のルートに追いやられた」として、住民の反対で現ルートに変えたと伝える。

ルート決定にあたっては「反対運動で怒り心頭の、鉄道局青年技師・仙石貢（後の鉄道大臣）はやけ気味に、どうせなら走るのに速度も出て、燃料も少なくて済む一直線が望ましい。

そして中野〜立川間の地図に一直線の赤い線を引っ張った」（朝日新聞社「中央線〜東京大動脈いまむかし」）とする伝承話が旧国鉄内に引き継がれていた。

結局、中野〜立川間は田畑や山林の、家屋が少ない場所を約23kmにわたり横断する、当時としては日本一長い一直線で敷設することになる【新聞記事】【38頁・路線図】。

【新聞記事】小金井桜の開花に合わせて開業日を早めて運行した
出典：「朝日新聞」（1889年4月9日）

鉄道文書

【馬車鉄路汽鑵車鉄道変換願】
（動力を馬から蒸気への変更する願い書）

「昨明治18年5月25日付をもって御府下南豊島郡内藤新宿より埼玉県新座郡上保谷村新田を経て、神奈川県下八王子駅まで馬車鉄道布設および会社設立を出願したところ、昨月13日に御許可を頂き有難く存じます。しかし出願軌道を今日に馬匹で貨物運輸するにはいかにも迂遠なので、汽車を用いる方が至便ということは論を待ちません。

これまで数十万金を費やし軌道の便を設けるも完全とはいえず遺憾に耐えませんので、馬車線を機関車に変換いたしたく存じます。

その際には日本鉄道会社の停車場・内藤新宿に連絡すれば、八王子から新橋・横浜あるいは奥州地方等へも往来することができます。そうなれば便益を得るだけでなく、会社の利益も増加しうることが期待できます。

この際、従前の資本金35万円から今回25万円を増資し合計60万円にいたしたく存じますので、予算書・絵図面を添え出願いたします。図面のうち鉄道馬車の勾配・湾曲線（曲線）は機関車運行に当たり、勾配は100分の1に、湾曲線は15鎖（チエーン）以上に引き直します。

もし御許可頂ければ精細な図面と計算仕様書を添え、その筋の指揮を受けますので、なにとぞ願意をご理解賜り御許可下さるようお願い申し上げます」

（出願日：1886年12月14日、出願者：鉄道馬車出願と同じ。受理者：東京府・高﨑五六、神奈川県知事・沖守固、埼玉県知事・吉田清英）＝所蔵：東京都公文書館

■ 効果的な判断で一直線ルートを決定へ

　もっとも一直線敷設に至った経緯について昨今では、「甲武鉄道の計画が馬車鉄道から蒸気鉄道に変わったとき、その建設は鉄道局に委ねられた。馬車鉄道時代の計画はいったんご破算になって、鉄道局はまったく新たにルートを考えたに違いない。そのときに理想的なルートとして、武蔵野台地上の一直線のコースが考えられ、これが最終的に採択されたのであろうと私は推定している。甲州街道筋の宿場町で反対されたから仕方なく台地上を走るようになったのではない。また、甲武鉄道の最終的な目的地は甲府であって、府中や調布程度の町は、建設ルートに入ろうが、脱落しようが、土木技術者の立場では問題にならないのである」(青木栄一「鉄道忌避説の謎」)を先陣に、

　「当時の鉄道建設の主目的は貨物輸送であり、曲折して集落を結ぶよりも、主産地と消費地との直結を優先し、そのためには建設促進による早期開業や直線鉄道による所要時間の短縮等を総合的に考慮したのであろう。明治20年前後は不況であり、北多摩各地での鉄道誘致の動きは、鉄道による地域活性化を求めた結果かもしれない。

　現ルートは(当時大半が原野や)畑地で地価は安く、買収も建設も容易

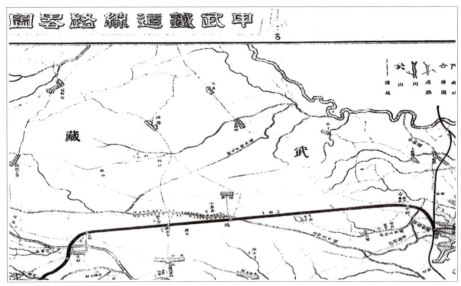

【路線図】一直線に東京西部を横断する甲武鉄道線　　出典：「甲武鉄道茂与利名所案内」

であり、しかも鉄道は直線が望ましい。甲武鉄道の建設に際しての測量は建設許可前年の明治20年から官鉄技師が実施しており、この頃から官鉄側では直線の線路を意識していたようである。甲武鉄道は組織的な反対運動ではなく、以上の諸要素から現在の中央線ルートを選択したのではないだろうか」（野田正穂他「多摩の鉄道百年」）として、近年では住民反対からのルート変更ではないとする説が大勢を占めてきている。

こうして一直線ルートへの建設に向けて1888（明治21）年7月までに、「南豊島郡東大久保村、東多摩郡中野村・高円寺村・阿佐ヶ谷村・馬橋村・天沼村・上下荻窪村・松庵村・中高井戸村内」（日本鉄道局「工事要覧」）の用地買収を済ませていく。

認可での工事期間は2カ年間だったが、わずか9カ月間で竣工した。開業は花見時期に合わせて予定を繰り上げ、1889（明治22）年4月に新宿～立川間を開業した【40頁・錦絵】。

その先の立川～終点・八王子間はわずか9.9kmしかなかったが、多摩川に架かる全長418mの架橋工事【写真❷】の遅れなどもあって、全通は4カ月後の同年8月までに延びてしまう。開業で「新八線」（現中央線）と呼ばれた甲武鉄道は1日2回の4往復で、杉並地域を初めて鉄道が走り抜けるのである【183頁・甲武鉄道歴史地図、184頁・開業広告参照】。

開業から17年後の1906（明治39）年10月、甲武鉄道は国有鉄道（逓信省所管）となり路線名も「中央線」（東線）と変わっていく。

【写真❷】多摩川鉄橋の竣工で八王子まで延伸し全通した
出典：絵葉書

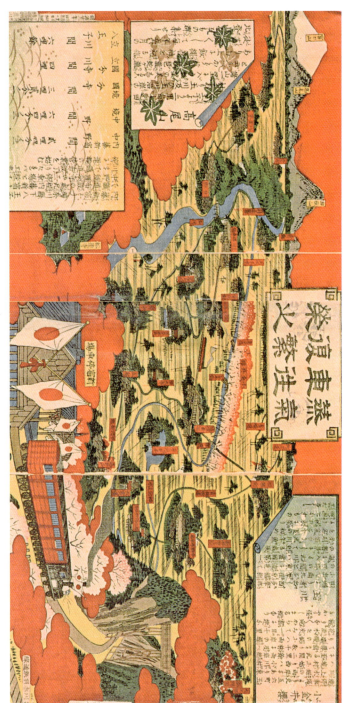

【錦絵】甲武鉄道の開業をPRする錦絵。妙法寺や大宮八幡宮などが描かれている（1859年） 所蔵：たましん地域文化財団（画像提供：歴史資料室）

2. 区内各駅の開業までの事情

甲武鉄道の駅の設置原則は、①人家の多い便利な場所 ②各駅間が3マイル（約5km）程度の同じ距離 ③神社・仏閣などの観光地がある、とした。そこで当初は、新宿・中野・境（現武蔵境）・国分寺・立川・八王子の6駅を設置することになった(現32駅)

（1）荻窪駅

■ 駅用地の献納で揺れて遅れた開業

新宿～立川間開業から2年8カ月後の1891（明治24）年12月、区内では荻窪駅が最初の駅として設置される【鉄道文書】。荻窪（当時の井荻村下荻窪）は中野～境間の中間地にあり、甲武鉄道としても開業当初から設置予定であった。

地元農民は毎朝、日本橋・四谷まで農産物を出荷していたし、計画線は青梅街道と交差する地点にあり、高井戸方面の甲州街道沿道からの利用も期待された。

ただ駅設置にあたっては当時、用地を献納（寄付）することが慣例であった。荻窪駅予定地の土地は加藤姓の3人が持っていた。

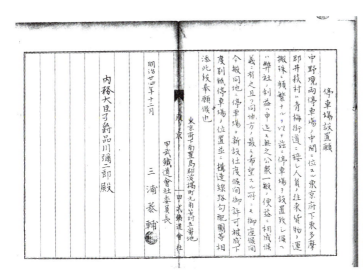

【鉄道文書】甲武鉄道から国への荻窪駅設置の願い書
所蔵：東京都公文書館

【図絵❶】開業時の荻窪駅で改札口は南側にあった
絵画：矢島又次氏の記憶画（所蔵：区立郷土博物館）

　「これらの地主に用地の提供を求めたが、なかなか承諾してもらえなかった。なにしろ無償での用地寄付であったため、土地を手放さなかったのは当然である。そのうち根負けしたのか加藤佐五右衛門は、『荻窪駅の必要なことはごもっともの事と存じます。かといって、手前どもも地所をたくさん持っているわけでなく、ことに２反歩（約2000㎡）といえば今どき200円以上はします。小身者の手前どもにとっては大金になりますが、いまこれを献納（寄付）するについては、何か生計を立てるなど、それなりのことを考えなければなりません』と、寄付に歩み寄りを見せてきた。

　なにしろ農業を営むものにとって土地を手放すことは、暮らしに直結するので当然といえば当然の要求である。

　そこで甲武鉄道では、寄付の見返りとしての条件を出した。『それならば、乗客のための待合茶屋を立てられたらいかがでしょうか。飲食店というようなものは、貴殿と加藤益五郎家だけで、外にはいっさい出店を認めませんから』。

　加藤は、他の駅前で開業していた茶屋の繁盛ぶりを確認したうえで、寄付に応ずることにした。こうして加藤の営む『稲葉屋』という待合茶屋は、甲武鉄道から駅前一等地での『独

占営業権』を確保して開業したのである」(参考：「杉並郷土史会々報〜松葉襄氏論文」)【左頁・図絵❶】。

「稲葉屋では近在の農家の人たちがお茶をのんだり、マンジュウを食べて汽車のくるのをのんびり待っていた」(東京新聞連載「東京沿線ものがたり」=1964年4月付)ようだ。

もっとも地元では「汽車の発車時刻を待っているうちに、新宿まで歩いて行けるというのが当時の常識だった。汽車に乗る人はお大尽(金持)か、旅の人だけで、1日の乗降客は20人くらいだった。たまに汽車に乗ると、後で近所の人から病気でもしたかと見舞いに来られるし、若い人が乗ると『親から貰った丈夫な足があるのに、汽車に乗るなんてろくでなしだ』と噂の種になったそうです」(森泰樹「杉並風土記・上巻」)とされ、汽車で移動する様相はなかったとされる。

結果として3人の地主は献納することになり駅は設置された。当所の駅の出入口南側だけであったが、駅周辺は田畑であったことが伺われる【44頁・図絵❷❸】。関東大震災後の1925(大正14)年11月、中島飛行機東京工場が現在の桃井(桃井原っぱ広場)に設置されると乗降客が一気に増えたため1927(昭和2)年に北口を開設した【図版❹】。

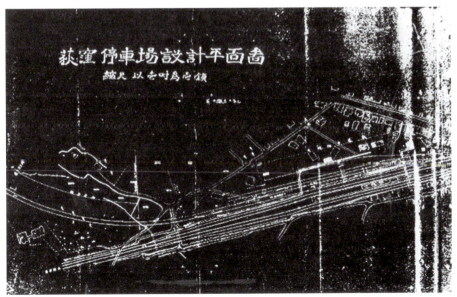

【図版❹】1927年当時における荻窪駅改築平面図　所蔵：東京都公文書館

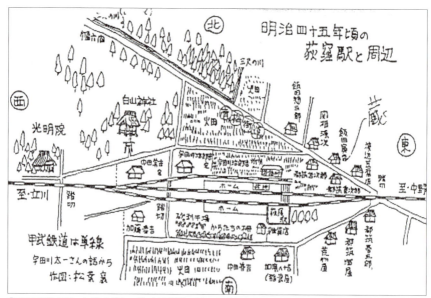

【図絵❷】明治時代末期の荻窪駅周辺地図。側線も見える。住居も散在して建つ
作成：荻窪百点・松葉襄氏（出典：「杉並郷土史会々報・116号」）

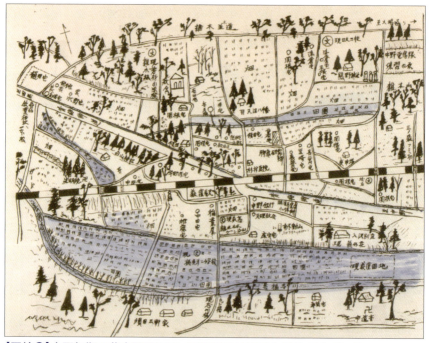

【図絵❸】大正初期の荻窪駅周辺図。駅周辺には家屋も増えてきている
作画：矢嶋又次氏（出典：区立郷土博物館「荻窪の古老・矢嶋又次が残した記憶画」）

トピックス　なぜ荻窪駅は高架でなく南北分断駅になったのか

　新宿～立川間でたったひとつ、高架でない駅は荻窪だけである。そのため南北に抜けるのには、階段を利用するしかないため不便・使いにくいの声が高い。身近な高円寺・阿佐ケ谷・西荻窪の各駅を利用していて、しみじみと実感する。

　当時荻窪に住んでいた作家・井伏鱒二氏も「荻窪にも泣きどころがある。線路が地上なので、荻窪の交通を南北に分断してしまっているからである」(「荻窪風土記」)と嘆く。

　近年ではエレベーターやエスカレーターもできたが、あくまで対症療法にすぎない。1962(昭和37)年頃に国鉄が線路の高架化を提案してきたことがある。だが南北へ抜けるためのフラット化(平面化)はできなかった【写真❶】。

　駅の高架化には、掘割の線路から駅までの短距離を一気に上がらなければならないが技術的に困難だ。すぐ東側に架かる天沼陸橋を撤去して、阿佐ケ谷駅方面から緩やかな勾配路線に付け替えすれば

【写真❶】荻窪駅では南北を往来するには地下通路を抜ける必要がある

不可能ではない【写真❷】。

しかし陸橋撤去には莫大な費用が掛かるし、あまり現実的な解決策とはいえない。国鉄としては駅の高架化を見送りたかったが、住民の要望も強いので無下に断れない（併せてその後にできた環状8号線の構造も変更しなければならない事態になる）。

そこで国鉄は高架化（南北通路）を地元と協議することにした。国鉄側が「南北通路は住民全体の総意か？」と問うと、荷物取扱駅であった荻窪駅構内の運送業者である一人が挙手して叫ぶように「いえ、私は本当は反対なんです」と首を横に振る。

たった一人の反対で高架化はご破算になり、荻窪駅を南北に抜ける不便さは今に続いているのである」（参考：「天沼杉五物がたり」「荻窪百点」等）。

【写真❷】中央線をまたいで架かる天沼陸橋を抜けて走る電車

（2）未完成・馬橋駅

■ 中野～荻窪間2駅設置と「まぼろしの駅」

　1919（大正8）年1月に中野～吉祥寺間が電化されることになり、鉄道省では将来の発展見込みから同区間に中間駅を設置する方針を決める。そこで中野駅～荻窪駅と荻窪～吉祥寺駅間へ1駅ずつ設置することとした。

　鉄道省の方針が耳に入った中野～荻窪間に位置する阿佐ヶ谷・馬橋・高円寺の各村では「駅の新設は地元の発展に欠かせない」と、駅誘致の運動を盛りあげていく。中でも中野～荻窪間の中間地に位置する、馬橋村では「目の前に線路が走っているのに、30分も歩いて中野駅に行かなければ、汽車に乗れない不便を味わっていました」（「馬橋稲荷神社HP」）。やや西側に位置する阿佐ヶ谷村でも手をあげる。

　こうして阿佐ヶ谷村と馬橋村では「この時とばかり」に競って駅誘致へ乗り出す。

　まず阿佐ヶ谷村ではいち早く、国へ駅新設の陳情書を提出した。これに刺激された馬橋村でも、浅賀源太郎らを中心に、鉄道省に繰り返し足を運んで駅新設を陳情した。だが鉄道省では「あんな田舎に……」として相手にしてくれない。

　ある日、陳情に訪れた馬橋村民に鉄道省の役人が、「荻窪駅がある旧・下荻窪村の東側に隣接する阿佐ヶ谷村と、中野駅がある旧・中野村の西側

【写真❶】馬橋駅を設置しようとした現在の予定地付近（杉並学院高校の東北側）

に隣接する高円寺村に挟まれている4マイルの中間地点【47頁・写真❶】に駅を設置する」と洩らしたのだ。阿佐ヶ谷村と高円寺村との中間点とはいうまでもなく馬橋村そのものの場所である。

　馬橋村の人々は大喜びで、この話を内示と受け取り「他人には漏らさない」とする口封じの誓約を得て村内の関係地主に伝えた後、密かに「馬橋駅」の開設に向けて準備を始める。準備とは、駅設置と見込まれる辺りへ、鉄道を南北に横断する通りを拓いて、駅へ道路を整備しようということである。そうすれば、五日市街道、青梅街道、大場通り（現・早稲田通り）からも駅を利用しやすくなるという構想だ。既成事実を作って有利に運ぼうとした。

　そこで、「五日市街道・松ノ木（現・関東バス停留所・松ノ木付近）〜杉並消防署馬橋出張所西側（ジョナサンの場所）〜杉並第6小学校東側〜北馬橋郵便局前〜現・早稲田通り（みずほ銀行高円寺北口支店付近）」というルートに「馬橋中央道路」（現・馬橋通り）を整備した後、「果報は寝て待て」の心境で朗報を待っていた。

　鉄道省は1920（大正9）年の春、馬橋中央道路と鉄道の交差する地点（現・杉

【写真❷】駅設置が決まり馬橋の人たちはみこしを繰り出して祝賀した

並学園高校の東側)に馬橋駅を新設することを正式に決定した。ほどなく馬橋村では鉄道省から「新駅の開設願い、用地提供願い、図面などの申請書類を提出するように」の指示を受ける。

　馬橋駅の新設は本決まりとなり、阿佐ヶ谷村と馬橋村の駅誘致戦争は、馬橋村に軍杯が上がったかに見えた。駅設置が決定し地元では歓喜、みこしを担いで村内を練り歩いた【左頁・写真❷】。ところが思いも寄らぬ方向に話は急転する。

　駅用地の提供を求められた1住民から、「われわれ貧乏人は、鉄道なんかに乗る用事なんかない。駅ができて得をするのは一部の金持ちだけだ。私は入り婿、先祖から引き継いだ土地を手放すわけにはいかない」と用地献納を拒否する。駅誘致に一枚岩で取り組んできた馬橋村の人々の間に亀裂が入ってしまうのである。駅新設に熱心だった人たちが反対者を尋ねて必死に説得したが、理解が得られず新駅誘致は断念せざるを得なくなった。馬橋駅開設は幻と終わるのである」(杉並新聞社「杉並区年鑑」、馬橋稲荷神社HPなどの要旨)。

　設置運動では9人が発起人となり、土地の寄付者19名、工事費寄付者91名にも上ったという。駅設置に尽力した人々の名前を刻んだ石碑(高円寺北4-16)を立てたが、現在では撤去されている【写真❸】。

【写真❸】駅用地等の寄付者名が刻まれた記念碑が立っていたが現在は撤去されている。地元では「残念碑」「無念碑」と呼ぶ人もいた(2010年)

（3）高円寺駅

■ 降って沸いた「漁夫の利」的な駅開設

　馬橋駅の設置が消えてしまった（47頁参照）ことで、設置予定がなかった高円寺駅は「漁夫の利」のような形で開設される【写真❶】。「阿佐ヶ谷村から駅の設置を持ちかけられた（53頁参照）高円寺村では、『願ってもない朗報』と駅開設に向けて動く。高円寺駅の場所は当初、現在の駅から100mほど中野側の、今の環状7号線東側あたりを予定していた。

　だが周辺の住民から『駅ができるとうるさくなる。畑が線路で中断されて農作業がしずらくなる。予定地の南側にウチの大きな杉林があり伐りたくない。中野駅に歩いても10分位で行けるから、わざわざ駅をつくることもあるまい』」（森泰樹「杉並区史探訪」）と、駅不要論までが飛び出し環7東側の駅新設案はお流れになった。

　「そうすると、環状7号線西側の伊

【写真❶】新しい高円寺駅舎前で開業を祝っての記念写真（1922年7月）

藤謙吉、大谷豊次郎らが『それではウチの方で引き受けよう』と駅の用地600坪を寄付して、いまの場所に落ち着いたのだ。もっとも伊藤はもともと駅を誘致したくて同地を『この土地は駅にするんだ』と、スイカ畑だったものを5〜6年も草ぼうぼう状態にしていた。駅を南北に縦断する通りはこのときできた。

北口（北口通り）は、道が9尺（3m）以下しかなく畑道だったが、両側があぜだったので大八車が通るのがやっとというほど狭かった。そこで村人が、3間（6m）ほどの道路に拡張したのだが、あまり通る人がいなかったので草が生い茂って苦情が出たという。

一方南口では、駅前から青梅街道までの道路（新高円寺通り）を新設しようとした。しかしご多分に漏れず反対者がいたため、『道ができれば必ず得をする』と説得した。この道路が、真夏の高円寺を興奮のるつぼにさせる『阿波おどり』でにぎわう現在の『新高円寺通り』である。

駅開設の日、ちょうちんを出したり花火を上げたりして、人々は村ぐるみで『高円寺駅開業』をお祝いした」（杉並新聞社「杉並区年鑑」）とされる（歓迎ぶりは区教委「むかしのすぎなみ」にも書かれている）

■■区内唯一の「民衆駅」として再出発

「民衆駅」とは旧日本国有鉄道（国鉄）の駅で、駅舎を建設するにあたって国鉄が主導しながら地元と共同出資で行い、小売店や食堂などの民衆施設（商業施設）を、駅舎に入れた駅ビル形態駅舎をいう。

背景としては戦争によって多くの駅舎が被災したが、区内では高円寺駅も大きな被害を受けた。そこで国鉄では地元と共同で駅舎を建てて、駅舎内に商業施設を入れ、地元の有力者たちの資金を仰いで民衆駅としての駅舎建設を行うこととした。民衆駅は1950（昭和25）年に開業の東海道線・豊橋駅（愛知県）が最初である。

【写真❷】協和銀行（現りそな銀行）も併設され、階上には区立高円寺会館があった（1964年2月）　所蔵：区立郷土博物館

民衆駅としての杉並4駅では、戦災で駅舎を全焼した高円寺駅が先駆であった。駅開設30周年の記念もあり、1951（昭和26）年3月に地元（高円寺振興協力会）の了解を得て1953（昭和28）年12月に3階建てビルで開業した。

駅舎の中には1階には白木屋デパート(後の東急百貨店で東光ストアを経て現東急ストア、2階には杉並区立高円寺会館と協和銀行（現・りそな銀行）が入った【51頁・写真❷】。民衆駅舎は1966（昭和41）年に改築され、2007（平成19）年6月に駅ビル型の現駅舎へ建て替えられた。

トピックス 駅メロ、高円寺・阿佐ケ谷では独自曲を使用

[高円寺駅]

「阿波踊りお囃子」（地元で1957年から始めた「ばか踊り」（現東京高円寺阿波踊り）にちなむ曲（メロディー）。2004（平成16）年に緩行線ホームで8月のみで開始。2016（平成28）年8月から通年で使用している。「製作は株式会社・ジーアングルで、アレンジは松本健氏」

[阿佐ケ谷駅]

「童謡・たなばたさま」で、地元のパールセンター商店街で1954（昭和29）年8月から始めた七夕まつりに合わせたもの。まつり60周年を機に地元の要望を受けて、2014（平成26）年7月から使用している。阿佐ケ谷在住の歌手・小田陽子氏の協力により、ピアニスト・上保一恵氏が、毎年秋に開催している阿佐谷ジャズストリートに合わせてジャズ風にアレンジして制作した。

[荻窪駅]

中央線緩行下りホーム「JR-SH2-1」、緩行上りホーム「「JR-SH1」、快速下りホーム「Gota del Vient」、快速上りホーム「Water Crown」と、他駅と同じJR独自の曲を使っている。

[西荻窪駅]

緩行線下りホーム「教会の見える駅」、緩行線上りホーム「春NewVer」、快速線下りホーム「トレモロVer」、快速線上りホーム「せせらぎ」で同駅も他駅と同じJR独自の曲を使っている。

（参考：HP「ご当地駅メロディー資料館」「鉄道研究室ネット」など）

（４）阿佐ケ谷駅

■ 国会議員アイディアで設置された政治駅

馬橋村の敵失という形で阿佐ヶ谷村へも駅が設置されることになる。

「馬橋駅の誘致運動が分裂ぎみで暗礁に乗り上げていることを洩れ聞いた阿佐ヶ谷村の相沢喜兵衛らは、『ここぞとばかり』に改めて猛烈な誘致運動を再開する。『駅用地はすべて地元で寄付するのでぜひ阿佐ヶ谷に駅を』と陳情したが、鉄道省は『新駅はあくまで中野駅～荻窪駅と、荻窪駅～吉祥寺駅間の中間地点に1駅ずつ設置する』との方針を変えない。

阿佐ヶ谷は、中野駅から1.5マイル、荻窪駅から0.9マイルで、とても中間地点とは言いにくい位置にあったので、阿佐ヶ谷村民の陳情に対して鉄道省の回答はにべもなかった」（森泰樹「杉並区歴史探訪」）。

同様に鉄道省の役人は「阿佐ヶ谷は中間地点でもない。それよりも荻窪駅のほうに片寄りすぎている。それに、あんな竹やぶや杉山ばかりで、キツネやタヌキの棲んでいるようなところに駅を造るなんて無理な話だ。いくら文明開化の世の中でも、キツネやタヌキは電車に乗らないよ」（阿佐ケ谷駅「阿佐ケ谷駅60年史」）の口ぶりだったとされる。

「そこで相沢らはワラにもすがる気持ちで、青梅街道の南（現・成田東4丁目）に住んでいた政友会の国会議員・古谷久綱（1874～1919年。愛媛県選出）と地元選出の高木正年（1857～1934年。東京第5区選出）の両代議士に、『駅の敷地は地元で全部提供するのでぜひ阿佐ヶ谷に駅を』と願い出た。政治力に頼ることにしたのだ。

古谷議員は、『阿佐ケ谷駅と中野駅の中間地点に、もうひとつの駅を設置する案で鉄道省と交渉するので、高円寺とも相談するように』と指示した。古谷らの取り組みが功を奏したのか、やがて鉄道省から、『中野駅と荻窪駅の間に2駅を設置する』の朗報が入った。だから中野～高円寺～阿佐ケ谷～荻窪間の距離は、他の駅間に比べて短くなっている【54頁・図表】。

阿佐ケ谷駅の設置場所は、当初は踏切（現・阿佐谷南2丁目）の東側に造る腹づもりだった。だが、鉄道省からは『中野駅と荻窪駅間の2.4マイルを3等分した0.8マイルの地点に設置

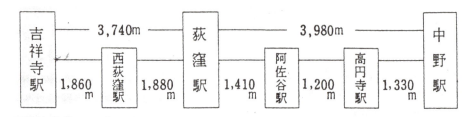

【図表】1駅予定が2駅に増えて駅間が計画より短くなった　出典：「杉並区年鑑」

するので、踏み切りの西側の場所（現阿佐ケ谷駅の場所）の土地740坪を寄付せよ』といってきた。鉄道省の申し入れに対し『土地の所有者は横川の3家でしたが、無償で提供するのは嫌だ』と反対しました。色々と話し合いの結果、半分の370坪は無償で提供し、半分は相沢さんが代地を下さること でまとまりました」（「杉並区歴史探訪」）という。

「相沢の土地でなかったため、所有者である3人に用地提供を呼びかけたが、『無償では嫌だ。半分の370坪は無償で提供するとしても、残り半分は代替地を提供して欲しい』とする要望が出された。相沢はやむなく申

【写真❶】開業時の阿佐ケ谷駅で、高円寺・西荻窪駅とデザインは同じように見える（1931年）　出典：「伸びゆく杉並」

し入れを受け入れることにして、現在の阿佐ケ谷駅の用地は確保できたのである。こうして、1922(大正11)年7月には、高円寺駅と併せて阿佐ケ谷駅が開業する【左頁・写真❶、写真❷】。駅開業は、大正天皇のご即位の記念事業(御大典記念事業)でもあった。

地元では、駅の開業は古谷代議士の力添えでできたという感謝を込めて、礼金を包んで持参したが古谷代議士は受け取らなかった。それではと、古谷邸の玄関まで人力車でも楽に通れるように、従来からあった駅からの通りを拡張して権現道路を整備した。この道路こそ、現在も買い物客でにぎわう『阿佐ケ谷パールセンター商店街』なのである」(杉並新聞社「杉並区年鑑」など)という。

つまり阿佐ケ谷駅については地元に居住していた代議士に頼み込み、代議士の奇想天外なアイディアで開設された「政治駅」というわけだ。

「杉並村では村内に2駅(高円寺・阿佐ケ谷駅)が開設されたこの年、人口が前年と比較し倍増した」(「杉並区政史」)とされ、鉄道の開業は地域の発展に大きく貢献している。

ちなみに当時は鉄道による火災が頻発していた。阿佐ヶ谷でも「昼間でしたが、すごかったですね。燃けちゃったんです。これは完全に汽車の火煙です」「私のあたり(阿佐ヶ谷)でも豚小屋が焼かれたり、隣の家も全部丸焼けになっちゃったんですよ」(区教委「むかしのすぎなみ」)と被害を受けている。

【写真❷】駅前には売店も出店している(1953年頃)
出典:「躍進の杉並」

トピックス　なぜ休日に杉並3駅へ快速電車は停車しないのか

【写真❶】高円寺付近でも高架化工事が進む（1963年）　撮影：辻阪昭浩

　なぜ休日に杉並3駅へ快速電車は停車しないのか

　戦後の中央線は通勤・通学で混み合い「超ラッシュ路線」といわれた。特に阿佐ケ谷駅の混雑率は日本一ともいわれ、乗客を電車に押し込む「押し屋」と呼ばれる職員が連日動員された。国鉄としては輸送力の限界を痛感していた。

　そのうえ開かずの踏切対策や総武・地下鉄東西線の相互乗り入れの要請、並行して八王子〜新宿間を走る「京王線」との高速競争など、何としても線路の高架化・複々線化は必要不可欠であった。国鉄は当初、中野〜三鷹間では、高円寺・阿佐ケ谷・荻窪・西荻窪・吉祥寺の各駅は通過させる皮算用であった。

　国鉄は高架化・複々線化などのための用地確保に当たって、沿線区民に協力を求める。だが高円寺・

阿佐ケ谷・荻窪・西荻窪・吉祥寺の地元商店街を中心に「快速が止まらないと買い物客が減ってしまう」と強力な反対運動を起こす。

運動の結果、杉並では1961（昭和36）年7月、区・区民（商店会）代表と国鉄の間で「用地確保に協力する替わりとして、快速電車は杉並各駅には停車させる」とする覚書（「増用地買収への協力前提に全駅停車」の覚書・協定）を交わした。

住民の理解もあり増設線路用地を取得した国鉄は高架・複々線工事を終える（1966年4月＝中野～荻窪間、1969年4月＝荻窪～三鷹間高架化）【左頁・写真❶】。協定に従い一旦は杉並駅はすべて停車した。しかしこの間にも国鉄は全日通過を申し入れてくる。

区は猛烈な反対運動を起こす【新聞記事】。そして1968（昭和43）年12月、区長と当時の国鉄旅客局長との間で「①平日は中野～三鷹間の各駅に停車させる」として、日曜・祝日の通過を認める覚書を交わす【58頁・写真❷】。

さらに国鉄民営化で経営を引

「快速一通過に反対

杉並
区現会 中央線問題で特別委

区鉄は来年四月に予定されている国電中央線新宿～三鷹間の複々線化の完成に伴い、快速電車の中野～三鷹間ノンストップ化を計画しているが、沿線杉並区の区議会はこれに反対して十九日「中央線対策特別委員会」を設けた。

【新聞記事】快速電車の通過反対で区議会に特別委員会が設置された
出典：「朝日新聞」（1968年12月20日）

き継いだJR東日本（東日本旅客鉄道）は、「土曜日の休日移行も増えてきたので、3駅は土曜日も快速電車を通過させたい」とダイヤ改正を申し入れてくる。区民で構成する反対協議会は25万人もの署名を集めてJRに迫る。「高架・複々線化にする際に住民が用地などで協力したことの代替に、快速を毎日3駅に停車するとの覚書を交わ

したはずだ。覚書を守って運行せよ」として、覚書を盾に通過運転を拒否する。

ところがJRでは「私たちはJRという民間会社で、旧国鉄とは組織が違う。従って当時の覚書は無効だ」と反論してくる。当時、区側とJR側での攻防を目の当たりにしていた著者は、仕事上でのメモを取りながら激怒した記憶がある。

だがJRは土曜日も3駅通過の運転を強行する。「快速は、確かに止めると約束はしたが、特別快速は止めるとは約束をしていませんね」（国鉄回答）として、「中央特快」（旧特別快速）「青梅特快」「通勤特快」や「通勤快速」（平日は荻窪駅停車）の運行といった知恵で、全日に杉並3・4駅を飛ばして走る新ダイヤも導入して今日に至っている【時刻表】（参考：当時の新聞、「荻窪百点」「天沼杉五物がたり」など）。

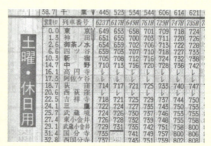
【時刻表】杉並3駅の通過を記載した時刻表

【写真❷】高架複々線化後の阿佐ケ谷〜荻窪間を走る301系電車（1968年）　撮影：森川尚一

（5）西荻窪駅

■ 村長のリーダーシップで実現した駅

　明治期には、「中野駅～吉祥寺間にはただ荻窪駅の設置があるのみで、駅と駅との距離は余りにも隔たっており、中間区域の発展等は、到底望むべきものではなかった」（井口泰吉「内田秀五郎伝」要旨）。1919（大正8）年1月に中野駅～吉祥寺駅間が電化されると、鉄道省では中野～荻窪間に加えて荻窪～吉祥寺間へも各1駅を新設することの検討を始めた。

　そこで井荻村では、「これ（鉄道省の計画）を聴き伝えた井荻村に於いては、時の村長・内田秀五郎翁（1878年、井荻村生まれ。後に都議会議長など歴任）を先頭に、荻窪駅と吉祥寺駅の中間に、新駅設置の一大運動を試みることとなった。

　茲に最も苦心を要せし点は、敷地の寄付問題であった。当時の農村・井荻に於いては、2・3千円という大金は、真に思いもよらぬ事であったが、内田村長を始めとして、其の他2・3の土地有力者等の、大口篤志の寄付に併せ、付近関係者の寄付により、苦心数カ月の結晶は、遂に目的の悲願に到達するを得、こゝに於いて早速、敷地420坪（約1386㎡）寄付の上申をなし、大正11（1922）年7月15日、その名を西荻窪駅【写真❶】として、開駅を見るに至ったものである」（須田慎六「内田秀五郎翁」）。

　寄付金は、地元の内田や用地430坪

【写真❶】以前には初代駅舎の記憶画が駅改札口付近に掲げられていた

寄付の市川周吉や小俣新五左衛門らのほかに、競馬の有馬記念で有名な衆議院議員で農林大臣・有馬頼寧ら井荻村に別荘をもっていた人からもあった。これら大口寄付と併せて、6000円近くが集まり、駅用地確保をまかなうには十分な寄付が集まった。

駅用地に実際掛かった支出は5900円ほどだったので、余剰金100円で駅から北側に伸びる「西荻窪北銀座通り」を拓いたという。開業は「駅前の芋畑のなかで開業のお祝いをした」（東京新聞「東京沿線ものがたり」）とされる【写真❷】。

いざ駅ができても問題は起こる。

「駅から青梅街道までの道路は必要となった。そこで内田は、当時幅9尺（約2m70cm）しかなかった狭い道路を3間（6m）道路に広げようとした。地主に相談すると『耕地が減少する。耕地の減少は収入の減少である。自分だけ損をするのはいやだ』と猛反対した。『道路がよくなれば農作業が楽になる。そうすれば土地効率が高くなるから減少分はカバーできる』と説得してまわったものの、反対者の中には『村長を殺せ』と役場に押し寄せる者も出た」（杉並新聞社「杉並区年鑑」）と、用地問題は最後まで多難だったようだ。

【写真❷】開業時の西荻窪駅舎で現在の北口に当たる（1922年頃）
出典：「新修杉並区史」

ところで駅名については「西荻窪が出来るとき、井草という名称になるのを土地の人が嫌って、何かよい名はないかと相談をうけたので、東中野から思いついて西荻窪ではどうかと私が言うたので、今の西荻窪が出来た」(有馬頼義「井荻村から」＝出典：南陀楼綾繁「中央線傑作随筆集」)のように、当初は「井荻駅」も候補にあがっていたとされる。

ちなみに開業時の駅舎正面は北口のみで、「畑の中の1軒家で、夜は真っ暗な闇の中にポツンと、駅舎の灯りが見える珍風景で、村の人々はあんな畑の中に駅を建てて、だれが乗るんだと話し合ったそうです」(「杉並風土記・上巻」)と、ひどく閑散としていたようだ。

南口は住民の要望で16年後の1938 (昭和13) 年10月に設けられた【写真❸】。旧駅舎も中央線高架化で取り壊され現在の駅舎に替わっている。(各駅の開業経緯については、拙記「すぎなみ学倶楽部HP」に記載がある)

【写真❸】駅南口の開設を喜ぶ地元の人々(1938年10月)

トピックス 杉並区立児童交通公園に設置されている蒸気機関車

【写真❶】児童交通公園に静態保存されているD51 蒸気機関車の雄姿

　区立児童交通公園（成田西1-22-13）には「蒸気機関車・D51 254」【写真❶】が静態保存されている。これは1974（昭和49年）10月、区が「児童の交通安全教育のシンボル」として国鉄大宮工場から借りた車両だ。長さ19m730cm。高さ3m980cm、テンダ式（燃料・水を本体車両に搭載）の車両で、解体されたまま大宮からトレーラーで杉並へ運搬された。

　同車両は1939（昭和14）年12月、国鉄鷹取工場が製造し、山陰本線などを走った。D51は「デゴイチ」と呼ばれ、1115台製造で蒸気機関車としては最も多く生産された。

　◆表示板＝「D51 254の保存について」【写真❷】の説明文「杉並区では、交通の近代化とともに、廃車された蒸気機関車を、杉並児童交通公園に設置保存し広く一般の観覧に供すると共に、教育上の参考資料にしたいと考えその保存計画をたてました。

　国鉄関係者の理解によりD51 254が当区に貸し出されることになり、昭和49年10月21日国鉄大宮工場で解体され数台のトレーラーで児童交通公園に運搬されてきたものです（以下省略）」。

【写真❷】

現行路線2

西武鉄道新宿線←西武鉄道村山線
（西武新宿～上井草～東村山間）

運動場の設置条件で3駅を確保

DATA
- 事業者：西武鉄道←西武農業鉄道←旧西武鉄道
- 区　間：西武新宿～下井草～井荻～上井草～東村山間
- 距　離（西武新宿～東村山間）：約26.0km
- 開　業（川越鉄道＝国分寺～久米川間）：1894（明治27）年12月21日、
  　　　（西武鉄道村山線＝高田馬場～東村山間）1927（昭和2）年4月16日
- 全通・改称（西武鉄道新宿線＝西武新宿～東村山間）：1952（昭和27）年3月25日
- 区内駅開業：下井草・井荻・上井草：1927（昭和2）年4月16日

■ 当初は荻窪への乗り入れも計画

　現在の西武新宿線を経営する「西武鉄道」は、長い歴史を持つ鉄道だ。前身は「川越鉄道」【写真❶】といい、今から約130年前の1894(明治27)年12月に国分寺～久米川（東村山市）間で産声をあげる。川越地方の蚕糸・織物・茶・石灰などの特産物を、東京へ輸送する目的で敷設された。

【写真❶】川越駅(現本川越駅)での川越鉄道車両(明治時代)　　出典：川越市HP

【写真❷】新宿駅ビルへの乗り入れをめざした西武鉄道。予想を超えた乗客数増に仮駅・西武新宿駅を本駅へ昇格させ国鉄・新宿駅までの延伸を断念する　提供：西武鉄道

　同鉄道はその後に池袋起点の「東上鉄道」（現東武東上線）や「武蔵野鉄道」（現西武池袋線）の計画へ対抗するため1912（明治45）年4月に東村山～田無～高円寺～中野間、1915（大正4）年2月には東村山～吉祥寺間を出願する。

　当時は東村山方面から川越鉄道で東京に向かおうとしても、国分寺駅でいったん甲武鉄道に乗り換えなければならず、かなり大回りになり不便であった。こうした状況の中で川越鉄道は、1922（大正11）年11月に「西武鉄道」と合併する。

　西武鉄道は1924（大正13）年4月、「村山軽便鉄道」が所有していた箱根ケ崎～田無～荻窪間の免許を引き継ぐ。そこで荻窪へ乗り入れ、荻窪から自社運行の路面（軌道）電車（荻窪線や新宿線、軌道線と呼び、後に「都電杉並線」となる）に接続し、終点・新宿で山手線と繋げようとした。しかし時代にそぐわない面が多いとして断念、未成線で終わる（詳細144頁の未成線編参照）。

　そして5カ月後の同年9月、田無～井荻村～高田馬場（4月に出願した高田町目白駅を変更）間にルート変更の出願をして、翌1925（大正14）年1月に免許を取得する。

敷設工事は「西武村山線の敷設作業は、千葉県津田沼の鉄道第一連隊の演習として行われ、建設費は、いわば、ただ同様の少ない費用で済んだ。しかも、軍隊の演習だから、何よりも工事のスピードが重視される。そのためであろうか、昭和2年1月に着手して4月には開通という短期間の工事だった」（中野区史・昭和編）と、西武にとっては超有り難い訓練線であった。

　前述の通り、鉄道第1連隊の1隊（114頁参照）の手で僅か3カ月の突貫工事で竣工、1927（昭和2）年4月に「西武鉄道村山線」（現新宿線）として開業する（当初は高田馬場〜早稲田間の免許）。開業から4半世紀後の1952（昭和27）年3月、村山線が西武新宿駅まで乗り入れたのを機に現在の「西武新宿線」に改称している【左頁・写真❷】。

　計画では国鉄・新宿駅への延伸を目論んでいたが、用地買収などが難航して実現できないままで挫折してしまう【新聞記事❶】【66頁・鉄道文書】。現新宿駅東口の駅ビルには、西武鉄道が乗り入れを予定していた新宿駅のスペースの痕跡が残る【写真❸】。

【新聞記事❶】新宿駅への乗り入れへの断念を報じる新聞
出典：「朝日新聞」（1965年3月16日）

【写真❸】現ルミネエスト新宿ビルには駅の設置予定だった痕跡がかすかに残る

鉄道文書

【新宿駅乗入に関する申請書〜取下願書】
(申請書別紙の理由書要旨)

「新宿線の旅客輸送は当時は6両編成で足りるとされたのですが、その後の輸送量、特に高田馬場以西における増加は急上昇を来たし、近い将来8両編成の運行は必至の状態になりました。

しかし当社申請の新宿東口駅のホームは1本で、しかも先端付近は相当長い部分が狭小であるため、監督局より8両ホームとしては危険が多く不適当と指摘されています。

高田馬場あるいは歌舞伎町の西武新宿仮駅での車両分割は到底できませんので、遺憾ながら東口への乗入を断念せざるを得ない状態になったのであります」

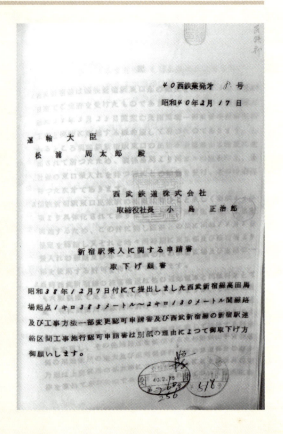

(出願日：1985年2月17日／出願者：西武鉄道株式会社取締役社長・小島正四郎／受理者：運輸大臣・松浦松浦周太郎) 所蔵：国立公文書館

■ 3駅を設置する予定はなかった

　西武鉄道では井荻村内には、現在の下井草・井荻・上井草の3駅を設置する計画はなかった。そこには「武蔵野鉄道」（現西武池袋線。元来は別会社でライバル鉄道だった）や「東上鉄道」（現東武東上線）との都心乗り入れ競争があり、愛称「村山急行」をうたっている限り、所要時間が遅くなる停車駅を多くするわけにはいかない事情がある。しかし地元では駅等の用地買収に当たり、3駅設置を主張した。

　「鉄道側と用地買収条件などの交渉に当たっていた土地区画整理組合の組合長で、日本一若い村長だった井荻村・内田秀五郎【写真❸】は、村の将来を考えて『鉄道こそ村を豊かにする』の信念を持っていたので西武鉄道に談判した。『距離の原則から2駅しか設置できないのはわかる。だが当村の中には3駅の設置をお願いしたい』と粘った。その代わり、『駅用地は3町歩以内の地主よりすべて寄付する』【68頁・写真❹】

　内田らの粘り強い交渉に西武鉄道もついに折れて、井荻村内2.4kmには2駅設置から1駅追加されて、3駅が設置（駅間隔0．8km。原則は1.6km）されることになった。

　西武鉄道では駅増設の条件として、上井草駅近くに運動場建設し乗客を呼び込むことを内田に提案。地元に運動場（球場）を利用させるなどの条件で合意する。西武としても関東大震災以降に移転人口が増え、3駅でも採算が取れる見込みもあった」（井口泰吉「内田秀五郎伝」）と、3駅設置の経緯を伝える。

　いっぽう荻窪に長く住んでいた作家・井伏鱒二は、「当初西武鉄道では

【写真❸】善福寺公園内に立つ内田秀五郎村長銅像

67

【写真❹】当時の「井荻駅用地献納者名簿」。地元の献納で駅用地が確保された。観泉寺や本橋・浅賀・井口・森田など、地元旧家の名字が見える　所蔵：個人

井荻駅のみを開設する予定であったが、住民が上井草、下井草にも駅を開設するように要望した。西武鉄道は採算が取れないことを理由に渋ったが、当時井荻町長を務めていた内田秀五郎は、遊園地等を作って行楽客を誘致すればどうかと提案した。

結局乗降客を増やしたい西武はその案を受け入れ、上井草の地主が土地を提供し、そこにテニスコートやトラックを有する上井草競技場を作った。昭和2年のことである」（「荻窪風土記」）と、1駅しか設置計画はなかったと書いている（「※同書には土地を提供した、と書いてあるが、実際は地主が西武鉄道に土地を貸していた＝区立郷土博物館「上井草運動場」）。

もっとも内田本人は「（西武には）駅間の距離は1哩（約1.6km）以上にする建設内規がありました。地区内に3駅設置してくれるなら、鉄道線路用地を安くすると交渉し、村内2.4キロ間に3駅設置が成功しました」（杉並新聞社「杉並区年鑑」）と話し、予定駅数については触れていない。

上井草駅の地点は「もっと南にしようという案もあったが地元の反対で今の場所になった」（「広報すぎなみ」2004年1月1日号）ともいわれる。

駅数計画が1駅か2駅かは別として、西武鉄道としては「妥協の産物」として、集客できる運動場の新設を条件に3駅設置に歩み寄ったようだ。

3駅が開業したことによって「今や開通以来30有余年、沿線の発達は中央線のそれの如く、目覚ましき発展を遂げ、杉並区北の重要なる交通機関として欠くべからざるものがあり、沿線の発達はなお一層拡大する趨勢にある。かように、首都の拡大と発展は無限の様相を呈し、西武村山線始

発駅・高田馬場は新宿まで延長され、西武新宿線に改称、沿線に連なる隣接地は首都圏の拡大と共に家屋櫛比するに至り、更に発展を辿りあるのは、内田の功績に開花したということができよう」(鈴木市太郎「米寿・秀五郎翁」)と、内田の3駅誘致の業績を評価する【74頁・地図】。

■ 上井草駅設置の契機となった「プロ野球発祥の野球場」

予定外の駅を上井草へ設けるに当たって、西武鉄道は内田に条件を提示した。「上井草駅前に1万8000坪の用地を確保して、駅利用の拡大を図り、公園を併設した運動場すること」

資金調達では井荻町に住まいがあった財産家らも協力した。こうして1936(昭和11)年8月に「西武鉄道とプロ野球球団・東京セネタースと共同で、東京初のプロ野球専用球場の『東京球場』(後の「上井草球場」)を誕生させる」【新聞記事❷】。

球場・コートを利用できる人は、「上井草駅往復乗車券または定期乗車券の所有者ならびに入場料金10銭を納入する者」とした。内野は土、外野は

【新聞記事❷】「快適な東京球場」と大きく報じる当時の新聞
出典:「読売新聞」(1936年8月25日)

【写真❺】戦時中の上井草球場での中島飛行機における催事の様子（1941年頃）
所蔵：すぎなみ学倶楽部（写真提供；松野雅聡）

天然芝で両翼100.6m、収容人員は2万9500人（1949年に拡張し4万5500人へ）だった。西武では交通アクセスを「高田馬場より15分」「試合挙行日は球場前まで急行運転でわずかに10分」と宣伝した。「メーン・ハウスの2階を休憩室にして、お茶を飲みながら野球を見れるようになっているのもちょっと嬉しい設計である」（「読売新聞」）と、時代の先端をいくサービスも施した。

翌1936（昭和12）年には、衆議院議員・有馬頼寧をオーナーとする「東京セネタース」のプロ野球（フランチャイズ）球場として56試合も消化。しかし1937（昭和12）年9月、都心の文京区に後楽園球場（現東京ドーム球場）が完成したことで開催試合数は減少していく。加えて鉄道接続も悪く「最悪の場合には球場を出てから高田馬場まで3時間も掛かってしまったこともあった」（佐野正幸「あの頃こんな球場があった」）という不便さもあってファンの足を遠のかせた。結局は翌1938（昭和13）年には6試合（2日間3試合消化）が行われただけで終わってしまう【写真❺】。

そこで西武鉄道は総合運動場を計画していた東京市へ1940（昭和15）年に寄付、後の東京都は1959（昭和34）年に貯水池を建設するため当球場を廃止、1967（昭和42）年に貯水池の上に野球場やテニスコートなどを整備して上井草総合運動場として再開した。

1979（昭和54）年には都から杉並区へ移管され、現在では上井草スポーツセンター（旧上井草総合運動場）となり今日に至っている【右頁・写真❻】。

「洲崎球場（江東区）や東京スタジ

【写真❻】現在の区立上井草スポーツセンター

アム（荒川区）などの跡地には記念碑的なものが立っていたが上井草にはない。『プロ野球発祥の野球場跡』の碑でも立ててもらえないものか…」（鼠入昌史「NumberWeb」）の意見には納得させられる。

当時の風潮から「仕方がない」で走った黄金電車

戦時中には都民の糞尿をいかに処分するかが大きな課題となる。当時はガソリンによるトラック輸送で東京湾へ運び海上に捨てられていたが、燃料不足でトラックが稼働できなくなる。そこで東京都は西武鉄道・堤康次郎（1889年、現滋賀県生まれ。西武グループ創始者＝【写真❼】）に、不足する野菜肥料としての人糞輸送を要請する。

堤は「沿線農家の肥料不足を解消し、食糧増産に寄与するとして承諾」として都と契約を交わす。「井荻〜南大塚間に仮設備を行い、貨車両程度の輸送を開始した。この輸送で杉並方面などの汲み取り作業が著しく改善され、この方面に割いていたトラッ

【写真❼】西武グループ創始者・堤康次郎

71

ク、ガソリンの節約で糞尿輸送用トラックの輸送能力が2割方浮くわけで、これをその他に回し得るので都内全部の汲み取り日もそれだけ改善される」(「都政週報」1944年5月24日号)と期待した。当電車は当時「黄金電車」とか「汚穢電車」と呼ばれ、1944(昭和19)年6月から1953(昭和28)年3月までの約10年間運行した【写真❽】。

区内では井荻駅の北側に側線を設けて糞尿積込所(ため池)を作り、同所で積み替えて田無・東小平・東村山・小川の各駅に貯留槽(取り卸し設備)を設置し農家に配った。輸送専用貨車は無蓋貨車を改造した車両で、主として夜間に運行した。

周辺には悪臭が漂ったが、当時の風潮から「仕方ない」とされ、苦情は少なかったという。本音では地元も不満だったものの「かぐわしき香りをふりまいたが、寄生虫・疫病の予防にも効果があるということで、都民の評判はすこぶるよかった」(中野区立歴史民俗資料館「鉄道にみる中野の歴史」)とされる。

武蔵野鉄道(現西武池袋線)や東武東上線、名古屋鉄道なども実施したが、規模は西武鉄道が群を抜いていた。1944(昭和19)年11月21日には上井草駅前で、農林・内務大臣らが出席し「糞尿輸送開始祝賀会が華々しく挙行された」【トピックス】。

しかし徐々に、化学肥料の普及などにより糞尿への需要が減少、農民が取りに来なくなってくる。また戦後にはガソリン統制もなくなり、トラックの輸送での海洋投棄が可能になったことにより、実際には1951(昭和26)年頃に終了したとされる。

もっとも「返路に野菜を積んだとするがそのような記録は全

【写真❽】武蔵野鉄道(現西武池袋線)の糞尿貨物車
提供:西武鉄道

くなく、計画のみに終わったとみるのが妥当だろう。昭和初期までは大八車に糞尿を積んだ業者が農家へ肥料として販売したあと蔬菜を積んで帰り、町内で販売する商法が普通にあったのでそれに習って計画されたと思われる」（渡辺一策「鉄道ピクトリアル・884号」）として、帰路の野菜輸送の存在には異論もある。

戦後の合併会社が「西武農業鉄道」と、農業を入れた社名に改称した由来は、こうした黄金電車の事情もある。

トピックス 井荻駅における糞尿輸送開始祝賀会の模様

「井荻駅の大きな肥溜の下へ貨物車を着けて、合図と同時にバルブを開けたら、ダーッという物々しい大音響とともに、黄金の奔流が迸り出て、見るもすさまじい壮観さであった。参列者は一斉に

アッと叫んだ。

島田農林大臣は『糞尿輸送は例えていえば、コロンブスの卵と同じである。尻をコンコンと叩いて潰して立てれば卵は立つ。糞尿輸送は難しくて誰もやろうとせず、尻込みばかりしていたところを、堤社長は見事にこれをやってのけた。できてみれば、なんの造作もないことだったのに、誰もやろうとする人がいなかった。堤

糞尿の貨物車　出典：「アサヒグラフ」（1946年6月25日）

社長の積極的で、仕事に飛び込んでいく情熱と創意には敬意を払ってやまない』と祝辞した。

私は次のような挨拶をした。『将来西武鉄道と武蔵野鉄道とを全部所沢まで複線にする。そうして下り線では糞尿を運び、上り線では野菜を持って帰る。一晩の中にピチピチした野菜が都民の食膳に上る。

これを腹の中で消化してまた糞尿とする。また電車で輸送する。畑の中で糞尿を消化して野菜になる(中略)。

糞尿を糞と尿とに分けて、パイプで畑の中に自然流下で送る。畑の中では尿の肥料が湧いて出る。全く農村の理想郷であります。

プラトンの理想国にも、ヒューズの理想社会にも、畑の真ン中に肥料が湧いて出ると言う構想はありません。それに、畑の真ン中に汲めども尽きぬ黄金の泉を湧き出させると言うことは実に面白い考えであります。私はこれを実現させることに無限の興味を感じ、愉快にやっております」(堤康次郎自伝「苦闘30年」要旨)

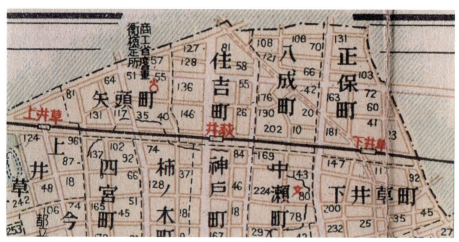

【地図】碁盤の目のように区画整理された旧町名の中を走る旧西武村山線（1932年）　出典：「23区区分地図」（日本地勢社）

74

現行路線 3

京王電鉄京王線←京王電気軌道線
（新宿〜八幡山〜京王八王子間）

唯一・八幡山駅は移転で杉並区内へ

DATA
- 事業者：京王電鉄←京王電気軌道
- 区　間：新宿（新宿区）〜八幡山〜京王八王子（八王子市）間
- 距　離：約37.1km
- 軌　間：1372㎜
- 開　業（笹塚〜調布間）：1913（大正2）年4月15日
- 全　通（新宿追分〜東八王子間）：1928（昭和3）年5月22日
- 区内駅（改称＝八幡山←松沢）：1937（昭和12）年9月1日
- 八幡山駅杉並区内移転：1954（昭和29）年4月

■ 中央線沿線の繁栄で発奮しての開業説も

　現在の「京王電鉄」は「京王電気軌道」で設立され、1913（大正2）年4月に笹塚〜調布間で部分開業した【写真❶】（笹塚〜新宿間は東京で初の路線バスで結んでいる）。路面電車の「電気軌道」とはいうものの、路面を走る併用軌道区間は少なく、多くが専用軌道で敷設されている。

　この時に「豊多摩郡高井戸村」（現杉並区）を横断して新路線は走り抜け

【写真❶】開業時の電車で、集電装置のトロリーポールを取り付けた40人乗りだった（新宿付近・1923年）　出典：「京王電気軌道30年史」

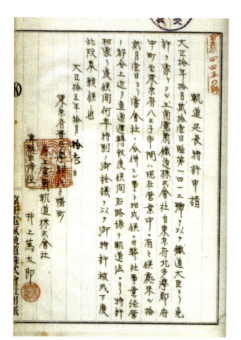

【鉄道文書】京王電軌と玉南電鉄の合併・延伸出願書　所蔵：国立公文書館

た。開業時には下高井戸・上北沢・上高井戸（現芦花公園）・烏山（現千歳烏山）などの駅が設置されたが、高井戸村に停車する駅はなかった（八幡山駅の前身駅・松沢駅は、後年に現世田谷区内に開設）。

　京王電軌の開業の契機として、「甲州街道沿いに走らせる計画があったが敷設に反対したので、甲武鉄道（現中央線）は北側に行ってしまった。しかし鉄道が敷かれた地域の繁栄ぶりを見て発奮し、町ぐるみで鉄道の誘致に尽力した経緯がある」（「中野町誌」）とされる。

　一方では「本線の敷設にあたっては、国鉄中央線に於けるが如く、高井戸方面住民の同地方に及ぼす影響を誤解して、猛烈な反対があったということである。従って本区内を通過する延長は僅かに814.7米（メートル）に過ぎず……」（「杉並区史」）」と、誤解に基づくとはいえ鉄道反対の動きもあったようだ。

　1916（大正5）年10月には、延伸した新宿追分（現地下鉄・新宿三丁目駅の伊勢丹近く）〜府中間が全通する。新宿追分を終点にしたのは「東京市街鉄道」（後の都電）へ繋げることにあったからだ。いっぽう「京王電気軌道」は「東京」と「八王子」の略称の通り、もともと新宿〜八王子間を結ぶ目的で起業したが、資金不足で府中以西は着工できずにいた。

　そこで標準軌（1067㎜）で敷設すれば国の補助金が見込めるというので、ダミー鉄道の「玉南電気鉄道（ぎょくなん）」を出願（国有鉄道・中央線と並行線のため補助金受給は却下・失敗する）し、1925（大正14）年3月、府中〜東八王子（現京王八王子駅）間を開業させる。翌1926（大正15）年12月に京王は玉南電鉄を合併【鉄道文書】、1928（昭和3）年5月に旧玉南線を改軌（1067→1372㎜）

し、新宿〜府中〜東八王子間を全通・運行した。

　1944（昭和19）年5月には国策で「東京急行電鉄」（現東急電鉄）となるが、戦後には「旧京王電軌」と「帝都電鉄」（現井の頭線）の合併で、両社名を統合し「京王帝都電鉄」として独立する。京王帝都発足から半世紀後の1998（平成10）年7月、「京王電鉄」と改称し今日に至る。

■ 近隣の八幡神社にちなんで駅名改称

　京王線には明大前（明大校舎の所在地は杉並区永福）や下高井戸駅（世田谷区松原）のように、区内に所在すると勘違いしそうな駅名も見られる。ところが杉並区内にあるのは「八幡山駅」だけである。同駅は1913（大正2）年4月に「京王電気軌道」が笹塚〜調布間を敷設してから5年後の、1918（大正7）年5月に産声をあげた。

　翌1919（大正8）年11月に、敷地面積6万坪で入院患者600名とする大規模病院の東京府立松沢病院（旧巣鴨病院）が巣鴨から移転してくることになった【写真❷】。そこで開院に先だって駅設置を決める。駅周辺には病院の見舞い人のために旅館やホテルもあったという。

　駅は現在の場所より200mほど新

【写真❷】初代・松沢駅の設置の起因となった旧都立松沢病院（1950年頃）

宿側の、現世田谷区上北沢4-32付近（旧荏原郡松沢村）にあった【地図❶】ので、駅名は地名から取って「松沢駅」とした。その後1937(昭和12)年2月に社長が穴水熊雄（1880年、現山梨県北杜市生まれ＝【写真❸】）に交代すると「沿線のイメージアップと行楽客を増やすために、駅名の観光化を進めて改称する」として主たる駅名の改称を決める。そこで穴水就任からわずか3カ月以降の同年5月と9月には、早くも15駅の改称へ踏み切る【81頁・路線図】。

社長方針に従って松沢駅も駅名改

【写真❸】駅名改称の穴水熊雄

称の検討に入る。新駅名は、駅から1kmほど離れた、旧松沢村の鎮守である「八幡山八幡社」（1797年創建。現世田谷区八幡山1-12＝【右頁・写真❹】）の山号から取って「八幡山駅」【右頁・写真❺】に落ち着く。

【地図❶】病院の真ん前にある移転前の「松沢駅」

【地図❷】西側へ移転前に「八幡山駅」と改称した

山を付けて「八幡山駅」にしたのは「大正時代以降、『民』の鉄道は、○○山など駅名に『山』を付け出した。沿線のイメージアップのために『山』の駅名が使われたこと自体は事実であ

る」（内田宗治「駅名の秘密」）のように、ブームに乗せて「山」を付けたこともあるのかもしれない。

改称後の1954(昭和29)年4月に駅は、環状8号線の開通を控え200mほ

ど西側の、区境を越えた杉並区上高井戸へ移転する【左頁・地図❷】。なお移転理由については、京王電鉄広報担当でも不明という。移転したもののホームの延長が困難だったため大規模な改良が施された。移転地の西側隣駅には「芦花公園駅」があった。同駅の旧名は地名と同じ「上高井戸駅」だったが、世田谷区内にある。

上高井戸には甲州街道の旧四宿・高井戸宿もあり、人口も多く有名だったので駅名に採用されていたようだ。

【写真❹】現在の駅名「八幡山駅」の由来といわれる八幡山八幡社

当時の改称に当たっては、作家・徳富芦花の住居があった蘆花恒春園にちなんで芦花公園駅を採用した。

駅名改称では京王車庫前→桜上

【写真❺】杉並区内へ移設後の八幡山駅（1961年）
所蔵：世田谷区立郷土資料館

水、百草→百草園、関戸→聖蹟桜ケ丘、高幡→高幡不動などは第1回目ですんなり決まったが、八幡山と芦花公園は試行錯誤で、2回目の9月へとずれ込む。

その後の1970(昭和45)年7月、複々線化と環状8号線横断事業で八幡山駅は高架駅となるが、その時に2面2線の相対式ホーム【写真❻】を2面3線の島式・相対式に改造した。1987(昭和62)年頃には下り本線南側に通過線を新設して、上り本線上の相対ホームを使用停止して通過線にし1面4線にした。現在は島式ホーム1面2線と外側に通過線2線を持つ駅となっている。

同駅は駅と駅の間に新設した挿入駅ということもあり、新宿寄りの上北沢駅まで600m、八王子寄りの芦花公園駅までは700mで、京王線の中でも両隣駅までの距離が短い。

【写真❻】地上線・2面2線の相対式ホーム時代の八幡山駅。直後に杉並区内へ移設して高架駅となる(1953年)　提供：京王電鉄

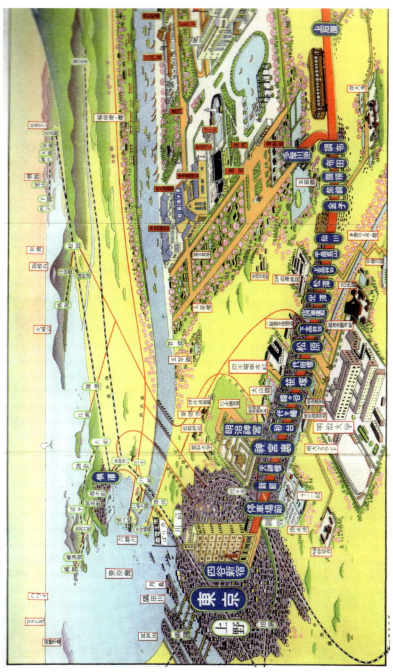

【路線図】松沢(現八幡山)など旧駅名が並ぶ当時の京王電気軌道線。帝都電鉄(現井の頭線)はまだ開業していない(1930年)　出典：京王電気軌道「名所図絵」

現行路線 4

京王電鉄井の頭線←帝都電鉄線
（渋谷～永福町～吉祥寺間）

3ルートを発表し競わせて用地取得

DATA

事業者：京王電鉄←京王帝都電鉄←帝都電鉄
区　　間：渋谷（渋谷区）～永福町～西永福～浜田山～高井戸～富士見ヶ丘～久我山
　　　　　～吉祥寺（武蔵野市）間
距　　離：約12.7km
軌　　間：1067㎜
開　　業（渋谷～井の頭公園間）：1933（昭和8）年8月1日
全　　通（渋谷～吉祥寺間）：1934（昭和9）年4月1日
区内駅開業（永福町・西永福・浜田山・高井戸・富士見ヶ丘・久我山）：1933（昭和8）
　　　　　年8月1日

郡部から帝都・東京市への移行で「帝都電鉄」へ

渋谷～吉祥寺間を走る「京王井の頭線」は、杉並区内で最も多い6駅（永福町、西永福・浜田山・高井戸・富士見ヶ丘・久我山）を持つ路線だ。

同線の計画は1928（昭和3）年1月、渋谷町（渋谷駅）～武蔵野村（吉祥寺駅）間の免許を取得した「城西電鉄」に始まり【鉄道文書】、同電鉄は合併などを経て「渋谷急行電鉄」となる。一方、山手線の外側へ環状線を敷こう

鉄道文書

地方鉄道敷設免許申請＝井の頭線出願書

「帝都郊外の発展は日進月歩の状態にして、停止する処なき有様に候えども、現在その人口の激増に伴い最も必要にして緊切なる交通機関の設備は未だ充分なりとは申し難い。これを欧米先進国大都市の郊外に通ずる、交通機関の設備に遠く及ばないのは遺憾と存じ候。現下帝都郊外の交通は三・四の路線による外はなく、郊外居住希望者の交通利便の恵み薄きを常に長嘆息しているのを、識者は親

しく認め痛切に銘肝する次第に有之候(中略)。

そこでここに下名等の同志と相計り、渋谷町を起点とし駒場大学南端を過ぎ世田ヶ谷町、松沢村、和田堀内村、高井戸村、三鷹村、武蔵野村井ノ頭公園を経て、省線・吉祥寺駅を終点とする電気鉄道を敷設し交通上の不備を補い、恵み薄き郊外居住希望者の便を計り、進んで沿線の繁栄に資し、将来市地下鉄道の終点を渋谷に設置した

場合に於て当線が連絡を為し、市民の幸福を増進し、帝都発展の一助と致したく、地方鉄道法第12条により前記鉄道敷設の免許の件を申請し候間、何卒特別の御詮議を以て免許状御下付いただきたく、関係書類を相添えここにお願い申し上げます」(出願日：1927年4月20日／出願者：東京市日本橋区青物町25番地、城西電気鉄道株式会社発起人総代・小早川常雄／被出願者：鉄道大臣・小川平吉)

としていた「東京山手急行電鉄」(126頁参照)が渋谷急行電鉄を買収し、「東京郊外鉄道」と改称して計画は引き継がれる。

ところが1932(昭和7)年10月、郡部(豊多摩郡)だった現渋谷・杉並等の区域が帝都と呼ばれる東京市に移行したのを機に、「当地は今や田舎ではなく帝都・東京市内だ。我が路線は今や帝都を走る鉄道である」として「帝都電鉄」と改称し敷設をめざす。

帝都電鉄は用地買収に当たり「計画線を3本発表して、地主たちの誘致運動を競争させ、土地を安く、且つ、駅

用地を無料で提供させました。当時の地価は凡そ水田が坪5円、畑はすぐ宅地になるので15円から20円ぐらいでした」(森泰樹「杉並風土記・下巻」)と、知恵を絞り手に入れている。

こうして1933(昭和8)年8月に現ルートの渋谷～井の頭公園間をまず開業、翌年4月に吉祥寺までを延伸させて全通する【91頁・路線図】。当初の区内における設置予定駅は、「永福寺(現永福町で「町」が入る)、正用＝現高井戸、中屋敷＝現久我山」(出願書)だけだったようだ。

開業時には「帝都電鉄も斬新だっ

た。渋谷駅を出るやトンネルに入り、つぎの神泉駅は半地下でまたトンネルに入るのであった。トンネルが珍しい時代だった。帝都電鉄が自動ドアだったのも驚きで、『この扉は自動的に開閉しますのでご注意ください』と、ふりがなつきで書かれたセロファンが貼りつけてあった」(宮脇俊三「世田谷たまでん時代」)という。

その後の国策で1941(昭和16)年3月、東京山手急行系の「小田原急行鉄道」(現小田急電鉄)と合併し同線の帝都線になる。翌1942(昭和17)年5月に小田急が「東京急行電鉄」(現東急電鉄)に合併されると、同電鉄線の「井の頭線」と改称した。この時に初めて現在の「井の頭」の路線名が誕生する。

戦後の1948(昭和23)年6月には東急解体で、井の頭線は「旧京王電気軌道」所有の路線となり、帝都電鉄と合同して社名を「京王帝都電鉄」に改称、同社の路線となった。「京王電気軌道に旧小田急電鉄の井の頭線が加えられたのは、旧京王の路線だけでは規模が小さく、採算性が十分でないと考えられたからである」(青木栄一「鉄道ピクトリアル・422号」)。1998(平成10)年7月には「京王電鉄」と社名変更し、「京王電鉄井の頭線」として現在に至る。

数年前まで、小田急線と井の頭線が交差する下北沢駅は、乗り替え時に当たって両線間には改札もフリーで乗り替えられた。これは小田急と帝都電鉄が、同系統だった戦前の名残りである。

■■「1年運賃無料」で募集した分譲地も振るわず？

開業する「帝都電鉄」では乗客を増やすために、自社で当地域一帯に住宅地を売り出す。その募集パンフレット【新聞広告】には、田舎であ

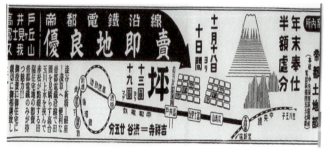

【新聞広告】帝都電鉄の
分譲地の新聞広告
出典：「朝日新聞」
(1939年11月18日)

る沿線の田園地帯をいかに販売するかで苦心した。

そこで武蔵野風景の趣を十分に残す住宅環境をPRしながら、一方で

は住宅資金を低利で貸し付ける「住宅ローン」的な制度を生み出すなどのアイデアで誘致する【トピックス】。

トピックス ローンも設けて販売した帝都電鉄の分譲地広告文

「永福町以西は高低起伏に富み、住宅地向きの所が多いのにもかかわらず、いまだ人口比較的希薄で、武蔵野風景の趣を十分に残しております。それゆえ、晴耕雨読の境涯に縁遠い日々の勤務に忙しい人でも、帰来ひとたび家に在れば、暢然として心身の疲れを休めることができます。

かかる境地が望ましいことは、

ひとしく万人が求めておられることでしょうが、いろいろの事情のため、そうもいかない方も多々あると思います。もし建設費の点が十分でないために、せっかくの御希望を実現し得ない人がありましたなら、何とかその御志をとげられるようにしたいと心組みから、ここに建築低利資金御融通を企図した次第であります」

ローンばかりでなく「この制度で家を建てたならば1年間は井の頭線を無料にします」という破格の条件で募集した。もっともこうした工夫も、十分な旅客増にはつながらなかったようで、業績は一向に上向きにならなかったともいわれる。

「西永福駅開設に併せて地元住民は駅前に住宅販売事務所を開設し、積

極的に街づくりをすると共に、区画整理では法的手続きに時間を要することから、建築線指定の手法を駆使して街づくりを仕掛けた」（寺田史朗＝区役所職員報「区リエイ人」2006年8月号）のように、住民参加で新路線建設を盛り上げていたようだ。

開業によって「風光明媚を誇る神田上水流畔の丘や、林を縫うて疾走

85

【写真❶】築堤して高架にした高井戸駅。手前の道路は現在の環状8号線（1947年）
提供：区広報課

する電車はまことに爽快であり、永く交通機関に恵まれず、発展遅々として進まなかった久我山、高井戸、永福町方面の開発は今後益々顕著なものがあると思われる」（「杉並区史」）と、情緒的な表現ながら、区でも大いに期待していたようだ。

こんな期待を背負った帝都電鉄は「開業後は永福町の大宮公園を直営にするなど行楽輸送にも努めた。沿線では急速に宅地化も進んだ。作家作家の宮脇俊三は、幼少期に同線の開業とともに永福町に転居してきた。宮脇の父は衆議院議員であったが、ほかにもホワイトカラーと呼ばれた新しい住民が流入し、井の頭線は農家の人々に『都会の電車』を印象付けた」（朝日新聞出版「歴史で巡る鉄道全路線」）のように、イメージは高まっていく。

ちなみに沿線別所得の調査（内閣府「関東15線区沿線所得・2020年」）では、井の頭線が年間平均所得520万円ほどで、京急大井町線、東急目黒線などを抑えてトップとなっている。所得が高い層が乗る路線ほどブランドイメージが高いといわれるが、その昔から少しずつ好感度を高めてきたのであろう。

地名がないのに開設された富士見ヶ丘駅

　富士見ヶ丘駅の開設ではエピソードが残る。帝都電鉄の親会社である「旧東京山手急行電鉄」のビジョンである「踏切を造らない」（立体化＝高架線・堀割等）を受けて、線路をまっすぐに敷くために、高井戸駅や吉祥寺駅手前では高架化を目指す【左頁・写真❶】。だが立体化に必要な盛り土の確保に苦心した。

　高井戸駅付近の高架化の盛り土を確保するために、こんもりとした丘陵を持つ久我山付近の富士見ヶ丘地域に注目する。当地には富士山がよく見える丘陵があり、誰いうともなく「富士見が丘」（「富士見浦」の字名はあった）と呼んでいた。そこで同丘の小高い場所（丘陵）を取り崩

【写真❷】富士見ヶ丘の盛土によって立体交差で建てられた高井戸駅（1960年）
出典：「富士見ヶ丘写真集」（撮影：北川仁）

して、毎日トロッコで運んだ。崩れるのを防ぐため一面に野芝を植えるなど、高架化【写真❷】では大掛かりな工事となった。

　帝都電鉄では土地提供に協力してくれた感謝を込めて、当地へ駅を設置することにする。そこで駅名は、

【写真❸】敷設への協力に感謝し、地名にない駅名を付けたという富士見ヶ丘駅（1960年）
提供：京王電鉄

地名にはない「富士見ヶ丘駅」を付けて地元住民の恩に報いたという【87頁・写真❸】。

富士見ヶ丘駅の開業では「あの辺はNさんが沢山土地を持っていてね、Nさんが（代地を）負担するということで私のところで土地を出したわけなんです。高井戸駅はね、大宮前のOさんが持っていて、これまたNさんがその負担をすると言いながら代地を出さなかったので、それで訴訟に持ち込んでね。それでも代地を貰ったからよかったんです。私のところはね、その後にNさんが亡くなっちゃったので止むを得ず私のところが全部犠牲になっちゃったんですよ」（区教委「むかしのすぎなみ」）としたトラブルもあったようだ。

空襲で焼け野原の永福町駅と代田連絡線

「私鉄のうちで最も（空襲）被害の大きかったと思われる井の頭線」（吉川文夫「鉄道ピクトリアル・278号」）とされるが、特に永福町駅は悲惨であった。戦時に入るも「この辺は郊外なので空襲の心配はない」とされたが、住民は防空壕を掘り、家屋の電灯に黒いカバーをかぶせ万全の体制をとった。

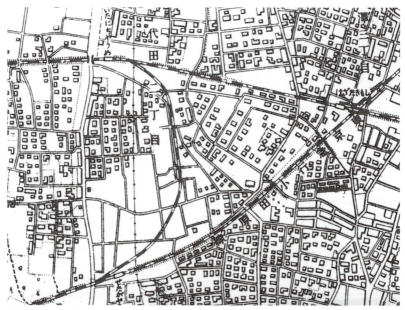

【地図】住宅地の中を突っ切るように突貫工事で結んだ代田連絡線
出典：「世田谷」（1945年）

だが1945(昭和20)年5月25日夜間にB29からの突然の空襲、空からシュルシュルと焼夷弾の音で、永福町駅から車庫あたり一帯は焼け野原になってしまう。運の悪いことに車庫にはほとんどの車両が入っており、全滅状態になってしまう。

　そこで急きょ他線の応援を仰ぐこととなる。まず小田原線(現小田急小田原線)・井の頭線が交差する下北沢駅での接続を検討するが、同駅は立体交差のために断念する。そこで軌間が同じ小田原線・世田ヶ谷中原(現世田谷代田駅)と井の頭線・代田二丁目(現新代田)間244mに、陸軍中野工兵隊の手によって突貫工事で連絡線を敷設した【左頁・地図】。用地は戦災で焼失した土地を使ったものの、一部では強制的に民家を解体させて確保する。しかし再び空襲を受けるかもしれないので、住民は代替地を与えられ、喜んで立ち退いたという【写真❹】。

　連絡線は完成し空襲の翌6月に一番電車を走らせた。だが架線もなく、ワイヤーロープで引っぱりながら、人力で井の頭線に運び込んだ。車両借り入れは小田急から10両、国鉄青梅線から4両で急場をしのんだ。臨時線は1952(昭和27)年9月頃に撤去され、用地は旧地主に返還されている(1953年9月まで運行)。

【写真❹】代田二丁目(現新代田)駅からの撮影で、小田急線に分岐する短絡線(右側)が見える

■ 急行停車駅が永福町と久我山駅になった理由

　ところで井の頭線に「急行」が走り始めるのは1971(昭和46)年12月のことである。これまで「路線も短く、沿線に特に行楽施設も持たないため、定期以外の吸収量は弱い。しかし両端駅の渋谷・吉祥寺駅で国鉄線に連絡しているた

め、旅客流動もかなりの数に上る。そこで急行運転を実施に踏み切る」(京王帝都電鉄企画調整部「鉄道ピクトリアル・278号」要旨)と導入した。

急行運転導入で渋谷〜吉祥寺間は24分が17分に短縮された。しかし「たった7分短かくするだけで、普通だけしか止まらない駅が犠牲になった」の不要論も新聞の投書欄にあったが、乗降客数は26.6%も伸びて、17分運転の効果は歴然だったようだ【写真❺】。

どこの駅に急行を止めるかで議論となった。「永福町はかつて車庫・検車庫などがあり、追い越し車線(待避線)を造るなどの際に用地の余裕があり同駅は難なく決まったようだ。ただ1面2線を2面4線化を実現するには、駅の位置をかなり吉祥寺寄りに移設する必要

に迫られた。やむなく上り島式ホームはかなり膨らんだ形で増設して移設を避けた。

片や久我山駅の方だが高井戸駅も候補に挙がっていた。高井戸駅は環状8号線と交差してバス路線も通っている。さらにモノレールか地下鉄を通す計画もうわさされているから高井戸駅停車は説得力があった。

久我山駅に軍配が上がったのは、乗降客が(1970年・3万9044人)高井戸駅(同年・16472人)より多く、急行乗務員の詰め所が同駅にあり、交代を同駅で行う必要があった(現在では行われていない)」とされる。

結局は乗降客数が当時から群を抜いている、永福町と久我山駅に落ち着いたのである(参考:「鉄道ピクトリアル・1022号」、川島令三「全国鉄道事情大研究」など)。

【写真❺】翌日からの急行運転に備えて試運転を重ねる3000系(永福町〜西永福間。1971年12月14日)
撮影:森川尚一

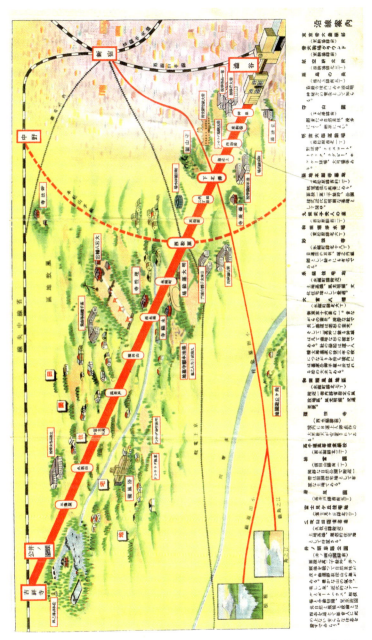

【路線図】現京王井の頭線は「帝都電鉄」が開業した路線。妙法寺などの名刹のほかに、浴風園や立教女学院などが描かれている。同駅を迂回して走る赤い点線の路線は帝都電鉄の親会社である「東京山手急行」という会社の環状計画線だったが、資金難などから完成できずに終わった　出典：帝都電鉄「井の頭へ」

現行路線 5

東京メトロ丸ノ内線←営団地下鉄荻窪線
（池袋〜中野坂上〜荻窪・方南町間）

計画外だった荻窪・方南町への延伸

DATA

事業者：東京地下鉄（東京メトロ）←帝都高速度交通営団
区　　間：池袋（豊島区）〜新宿〜中野坂上〜荻窪・方南町間
距　　離：約37.4km
軌　　間：1435mm
【丸ノ内線】
開　　業（池袋〜御茶ノ水間）：1954（昭和29）年1月20日
全　　通（池袋〜新宿間）：1959（昭和34）年3月14日
【荻窪線】
開　　業（新宿〜新中野間）：1961（昭和36）年2月8日
延伸開業（新中野〜南阿佐ケ谷間）：1961（昭和36）年11月1日
全　　通（新宿〜荻窪間）：1962（昭和37）年1月23日
区内駅開業（新高円寺・南阿佐ケ谷）：1961（昭和36）年11月1日
　　　　　　（荻窪）：1962（昭和37）年1月23 日
　　　　　　（東高円寺）：1964（昭和39）年9月1日
路線名統一（丸ノ内線←荻窪線）：1972（昭和47）年4月1日
【方南町支線】
開　　業（中野坂上〜中野富士見町間）：1961（昭和36）年2月8日
全　　通（中野富士見町〜方南町間）：1962（昭和37）年3月23日
区内駅開業（方南町）：1962（昭和37）年3月23日

■■ 杉並区地名の路線名「地下鉄・荻窪線」で開業

　終戦を迎えた国は復興に向けて1946（昭和21）年12月に「東京都復興計画」（戦災復興院）を告示し、改めて地下鉄敷設計画を盛り込んだ。復興計画の中で「中野富士見町を起点として新宿駅、四ツ谷駅、東京駅、御茶ノ水駅（記載駅を省略）および池袋駅各付近を経過して、豊島区向原町を終点とする延長22.1kmの路線」（「東京地下鉄道荻窪線建設史」）とする「都

市計画第4号線」（現丸ノ内線）の敷設を計画する。

　当計画では現在区内を走る、中野坂上付近〜荻窪間と中野富士見町〜方南町間の路線は計画に盛り込まれてはいない【右頁・路線図】。新宿〜荻窪間については「都電杉並線」が走っていたため、同線の営業に配慮して計画化しなかったとされる。

　しかし「新宿以遠においても、近年

92

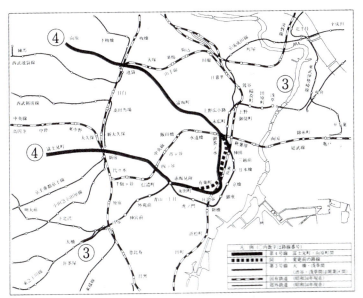

【路線図】当初は中野坂上付近～荻窪間と中野富士見町～方南町間の計画はなかった　出典：「東京地下鉄道荻窪線建設史」

著しく人口増加をきたしたために交通も飽和状態に達するような実情にあるので、新宿近郊の一般交通の便益をはかり、国鉄中央線の混雑緩和に寄与する」（「荻窪線建設史」）として、1957（昭和32）年6月の「都市交通審議会」で新宿～荻窪間の第4号線延伸が答申され、新宿～荻窪間と中野坂上～方南町間の建設が決定する。「混雑率・日本一」といわれる中央線の解決が、大きな延伸理由であった。

もっとも「当面は、荻窪と新宿を結ぶ短絡効果としか期待していなかった。営団としても、キロ当たりおよそ20億円を投じ、この路線を建設するのは採算上は不利ではあったが、余裕のある車輌基地が必要であったために、混雑緩和と云う社会的な要請もあると云うことで、丸ノ内線を含めた路線全体としての収益性を考慮して推進すべきとして建設に踏み切ったものである」（木村輝郎「杉並の近世交通野史」）のように、渋々と荻窪・方南町方面への延伸線を計画した説もある。計画線は1960（昭和35）年10月に「荻窪線」と命名された。

丸ノ内線は1954（昭和29）年1月、一足早く池袋～御茶ノ水間の開業に漕ぎつける（池袋～新宿間は1959年3月）。新宿～荻窪間の荻窪線は、まず

【写真❶】地下鉄工事中の南阿佐ケ谷駅付近
出典：「東京地下鉄道荻窪線建設史」

1961（昭和36）年2月に新宿〜新中野間が繋がり、同年11月には新中野〜南阿佐ケ谷間が【写真❶】、最後の南阿佐ケ谷〜荻窪間の延伸線は翌1962（昭和37）年1月に開通し全線が結ばれた【写真❷】。ちなみに運賃は新宿〜荻窪間20円均一、池袋〜荻窪間全線は45円だった。

開業にあたっては、国鉄中央線の冬季の輸送難を緩和するために、開通を予定より2カ月早めて運輸営業を開始した【97頁・トピックス】。なお東高円寺駅は住民の要望によって、新高円寺駅など区内各駅より2年ほど後の1964（昭和39）年9月に開業されている【96頁・地図】。

地下鉄工事で出された残土は、荻

【写真❷】荻窪線の「初列車発車式」でテープカットする鈴木・営団地下鉄総裁（1962年1月）
出典：「東京地下鉄道荻窪線建設史」

窪団地（現シャレール荻窪）と阿佐ヶ谷団地（現プラウドシティ阿佐ヶ谷）の造成に再利用された。

地下鉄開業を機に路面電車「都電杉並線」（新宿〜荻窪駅前間）は、同じ青梅街道沿線を走る地下鉄線との重複路線とされ荻窪線全通の翌1963（昭和38）年11月、「都電廃止第1号」として40年間の運行で幕を閉じている（101頁参照）。

■ 方南町駅への延伸は富士見町に車庫があったから

ところで「方南町支線」（通称。正式には「4号線・丸ノ内線分岐線」）の中野坂上〜方南町間路線だが、中野富士見町までの路線が計画化された理由は、1944（昭和19）年に富士見町に車庫用地を確保済みであったからである（1925年には地下鉄計画があった）。

支線3.2kmの延伸路線は、1961（昭和36）年2月に中野坂上〜中野富士見町間が、翌1962（昭和37）年3月に中野富士見町〜方南町間が延伸して全通した【写真❸】。

蛇足だが方南町駅延伸については「途中駅の中野富士見町に車庫があるからだとも、いずれ京王線の笹塚あたりに計画があるからだとも言われたが、実は終点の方南町の一帯に政治的な圧力を持つ巨大宗教団体があ

【写真❸】中野坂上〜方南町間の開業で「荻窪線」は開通する
出典：「東京地下鉄道荻窪線建設史」（1962年3月）

【写真❹】荻窪駅の東西通路には荻窪線の旧車両の波型デザインが継承されている

るからだとする説は、いかにももっともらしかった」（浅田次郎「地下鉄（メトロ）に乗って」）の説があるものの根拠に乏しい。

　1972（昭和47）年4月には地下鉄の1路線1路線名への移行によって、荻窪線は「丸ノ内線」に統一される。地下鉄・荻窪線改称とともに、都電・杉並線も廃止となり、杉並の地名が付く鉄道路線名は消えてしまう。

　ちなみに旧荻窪線車両側面に施されていた波型デザインが、現地下鉄荻窪駅の東西通路の壁面に継承されている【写真❹】。

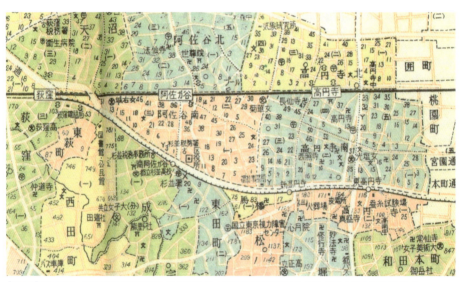

【地図】地下鉄・荻窪線が開業した当時で、都電は既に廃止されている（1966年）
出典：「スタンダード・東京都区分地図」（日本地図社）

トピックス 不便な地下鉄・荻窪駅利用者への国鉄の計らい

【新聞記事】「朝日新聞」（1963年1月23日）

　地下鉄線がいざ荻窪駅まで延伸開業してみたが、利用者数は予想外に少なかった【新聞記事】。地下鉄荻窪駅務区はいう。「利用者が増えないの最大の原因は、地下鉄入り口が国鉄の南口だけで、国鉄利用者の3分の2が集まる北口との連絡が悪いためだ」

　実は国鉄・荻窪駅の北側の天沼・清水・今川といった所に住む乗客が、駅南側にある地下鉄・荻窪駅の改札へ着くには、地上線の国鉄・荻窪駅の北口改札へ入り、南口の改札を抜けなければならなかった。国鉄としても有料入場券をいちいち買ってもらい、改札を抜けさせるわけにもにはいかず、まして地下鉄利用者にとっては理不尽な話しである。

　国鉄改札を抜けられない場合の地下鉄利用者は、100mほど東側にある踏切を渡るか中央線地下道をくぐるかしかない。いずれにしても遠回りをして、地下鉄駅改札口まで辿らなければならない。当然に「国鉄の改札口を通ることができれば、スムーズに南口の改札口までたどり着けるのだが何とかならないか」といった苦情も殺到する。

　中央線の混雑の緩和は緊急の課題だったため、工期を2カ月も繰り上げてあわただしく開業させた。このため、地下鉄終点・荻窪駅はまだ十分に調整・整備が整っていなかった。そこで営

団では国鉄に交渉した。「なんとか荻窪駅の構内を通り抜けさせていただけないか」。話し合いはまとまり、国鉄も粋な計らいで張り紙をする。

「今秋連絡地下道ができるまで、国鉄荻窪駅北口方面に居住する方、勤務先、通学先のある方で、地下鉄荻窪駅発着定期券を所持の方は、国鉄改札口を通り抜けできますから、地下鉄荻窪駅で証明を受けてください」

通勤・通学の定期客は、「通行証明書」を片手に、国鉄の改札口を入り構内を通り抜けて、地下鉄荻窪駅【写真❺】がある南口へと行けるようになった。

連絡地下通路は1962（昭和37）年12月になってようやく完成したものの、開業した年明けから地下通路完成の同年12月の暮れまで、ほぼ1年間にわたってこうした事態は続いたのである（参考：朝日新聞など）。

【写真❺】開業の準備に忙しい地下鉄荻窪駅

杉並の鉄道

第3章
廃止路線編

都電杉並線←西武軌道線

鉄道大隊訓練線

「廃止路線」とは、かつて走っていた路線が現在ではその姿もなく消えてしまった鉄道を指す。鉄道用語では「廃線」と呼ばれる。鉄道を趣味・学問とする人々の間では、この線路跡を辿る「廃線跡を歩く」という鉄道調査・旅(ハイキングなど)に没頭・楽しむ人々も多い。

廃線に至る最大の要因としては近年、利用者の減少による赤字化が挙げられている(他に①災害による復旧断念②トラックなどの輸送機関の台頭などがある)。地方における廃線理由の大半はこの利用者減少である。

しかし大都市である東京23区・杉並区は、関東大震災や高度成長によって東京市街地や地方から多くの人口が集まり、人気住宅地としての地位を固めていく。

このように当区における廃止路線は乗客減ではないものの、路面電車「都電杉並線」が真っ先に頭に浮かぶ。

杉並線は妙法寺にちなんで命名した「堀之内軌道」が出願した軌道線で、同路線は「西武軌道」に引き継がれて開業に漕ぎつけている。同軌道線は経営会社をいくつも変えながら、都電杉並線となる。

一時は都電で最高の「ドル箱路線」として重要な区民の足となった。しかし高度成長下にあって青梅街道を問わず、併用軌道上の道路には車があふれ、都電は「交通渋滞の元凶」とされ廃止されることになる。廃止の波を受けた杉並線は「都電廃止第1号」として、区民に惜しまれながら姿を消していく【写真】【右頁・時刻表】。廃止時には既に地下鉄荻窪線(現丸ノ内線)が開業されており、いわば「発展的」ともいえる「廃止線」である。

ところで廃線がほとんど見られない杉並区でも、レールが走っていたとする歴史がある。明治時代の「陸軍鉄道大隊訓練線」である。同線は一般の人々や企業を相手にした「旅客線」や「貨物線」ではないのでなじみが薄

【写真】ラストランの都電荻窪線が荻窪駅前停留場に着くと、地元からは運転士に感謝の花束が贈られた(1963年11月30日)　撮影：辻阪昭浩

い。とはいえ中野〜現天沼間では現実に、線路は敷かれ軍人はもちろん、沿線の子どもたちも乗車している。

　両廃止線とも既にレールや車両などはなく、廃線跡の痕跡は全くといってよいほど残っていない。しかし都電跡などは当時の写真や文献などで残っており、今と昔を定点観測（比較）しながら歩いてみるのも一興である。訓練線跡も旧線路に沿って住宅が並び、後の飛行機訓練跡の公園もあり歴史探究には楽しめる廃線跡である。本編ではこの両線の歴史と現状を読み解いてみた。

【時刻表】「西武鉄道軌道線」以後の「都電杉並線」の時刻表で新宿〜高円寺間は深夜の0時45分まで走っている
出典：日本旅行協会「時刻表」（1940年10月号）

廃止路線 1

都電杉並線←西武軌道線
（新宿〜淀橋〜荻窪間）

「杉並」の路線名も「廃止第1号」で消滅

DATA

事業者：東京都交通局（買収）←東京都交通局（運営管理受託引継）←東京市電気局（運営管理受託）←東京地下鉄道（経営受託）←東京乗合自動車（経営受託）←西武鉄道←帝国電灯←武蔵水電←西武軌道
区　間：新宿（新宿区）〜荻窪駅前（旧荻窪）間
距　離：約7.3km
軌　間：1067mm
開　業（淀橋〜荻窪間）：1921（大正10）年8月26日
全　通（新宿駅前〜荻窪間）：1926（大正15）年9月15日
都電化（都への譲渡日。路線名総称「杉並線」）：1951（昭和26）年4月5日
全　廃：1963（昭和38）年11月30日

五島慶太の尽力で「西武軌道」が開通

　甲武鉄道（現JR中央線）の経営が軌道に乗ると、同鉄道の補完として、南側を横断する青梅街道側へ電車敷設（バイパス線）の機運が盛り上がる。

101

そこで甲武鉄道開業から7年後の1896(明治29)年7月、「堀之内軌道」が蒸気動力で、内藤新宿(新宿区)〜荻窪間、鍋屋横丁(中野区)〜中野駅、鍋屋横丁〜堀之内間の、青梅街道上を走る3路線を出願する。鍋屋横丁からの分岐2路線は、厄除け祖師としてにぎわう堀之内妙法寺への参詣路線と甲武鉄道・中野駅へ繋ぐ路線である。

　翌1897(明治30)年8月には蒸気から電気動力への変更と併せて「堀之内電気軌道」と改称し、内藤新宿から荻窪を経由し、田無・所沢への延長線を出願した。所沢まで延伸したのは「川越鉄道」(現西武国分寺線)へ接続するためである。所沢延伸の代わりに鍋屋横丁〜中野駅間、鍋屋横丁〜妙法寺間は取り下げてしまう。両線を取り下げたのは当局に「市内に準ずる地域の鉄道・軌道敷設は、市内の鉄道・軌道事業に従事する者(東京市)が行うべき」(益井茂夫「鉄道ピクトリアル・716号」)との考えがあったからである。

　特許・工事許可は降りるものの資金不足から1900(明治33)年7月、田無〜所沢間の延伸を取り止め新宿〜荻窪〜田無間のみに縮小、併せて動力を再び蒸気に戻すため「堀之内自動鉄道」と改称する。1904(明治37)年12月に

は電力に戻し「堀之内電気鉄道」へ改称、1906(明治39)年には再度「堀之内軌道」にするなど、社名と動力を二転三転させた(141頁参照)。

　しかし1910(明治43)年7月、資金不足の堀之内軌道は「西武軌道」に買収される【鉄道文書】。西武軌道は「淀橋〜荻窪間で工事を進めており、1911(明治44)年11月までに14万352円の建設費を投入したにもかかわらず工事は完了せず」(野田正穂「東村山郷土の歩み②」)、線路工事に何とか着手はしたものの、「第1次大戦に伴う鋼材の値上がりに乗じて、準備していたレー

【鉄道文書】堀之内軌道から西武軌道への社名変更届　所蔵：国立公文書館

【写真❶】西武軌道を開業させた五島慶太

ルや機関車を会社役員が売り払ってしまうような、きわめて無節操な会社だった」(朝日新聞出版「歴史で巡る鉄道全路線」)。1916(大正5)年5月には鉄道省に「経済不況で資金調達が意にならないが、軌道の公共性に鑑み工事は早期に完了する」と追申書を提出するものの、先行きが見通せなくなる。

こうして西武軌道の経営陣は中途で鉄道事業を断念、会社組織そのものも西武軌道と改称したまま、休眠状態に入ってしまう。この間に内務省・警視庁からは、工事着工を促す督促の警告も受けている。

だが「この間に幾多の株主及び経営者が変わったが、五島慶太氏(1882年、長野県生まれ。後の「大東急」統括者=【写真❶】)によって西武軌道会社と改称して工事に着手し、大正10年8月に淀橋(新宿区)〜荻窪間約6キロを竣工した【路線図】」(「杉並区史」)や「阿部浩・東京府知事からの依頼であったため、どうやら許可になって、彼(五島)は、荻窪から新宿までの軌道を完成させたのである」(三木陽之助「五島慶太伝」)のように、五島慶太の力で西武軌道線は開業に至ったようだ。

路線名は「西武軌道荻窪線」(「中野

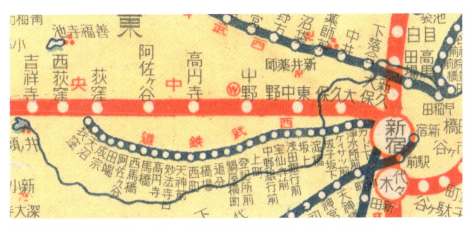

【路線図】西武軌道開業時の起点・淀橋停留場は新宿駅から遠い地点にあった
出典：「最新鉄道地図」(1930年)

【写真❷】狭隘の青梅街道を走る西武鉄道軌道線（1933年）　出典：「中野町誌」

■ 猫の目のように二転三転した鉄道会社

　開業時の西武軌道線は単線で、朝夕1時間に2本・昼は2時間に1本で、淀橋～荻窪間の所要時間は40分を要した（淀橋～新宿駅前間は1926年9月延伸開業）【右頁・トピックス】。運賃は20銭だが国有鉄道は15銭、所要時間も20分と半分だった。しかも西武線の起点・淀橋停留場は新宿駅から1.5kmも離れていて不便な場所にあり、勝敗ははっきりしていた。

　開業から2カ月後の1921（大正10）年10月に西武軌道は早くも「武蔵水電」（電力供給会社）に買収され、同水電は「帝国電燈」と合併する。しかし同電燈は鉄道経営に関心がなく翌1922（大正11）年11月、経営権を「武蔵鉄道」へ譲渡してしまう。その武蔵鉄道は譲受から16日後に「西武鉄道」と改称する【写真❹】。

　西武鉄道も「東京乗合自動

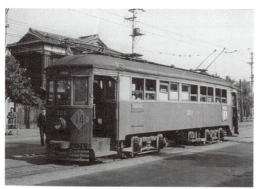

【写真❹】西武鉄道軌道線時代の電車（1925年）
所蔵：区広報課

【写真❸】西武軌道時代から西武鉄道時代まで使われた社章

車」（通称「青バス」）の乗合バスが、都心〜新宿〜堀之内〜代田橋間を運賃10銭で進出してきたため、同バスには勝てず、1935（昭和10）年12月には向こう10年間にわたり東京乗合自動車に経営を委託することにした。完全に経営に白旗を揚げたのである。こうして「経営面では西武鉄道の手を離れた」（ネコ・パブリッシング「西武鉄道の100年」）ものの経営権の所有は続けた。戦後の1951（昭和26）年4月に東京都へ譲渡するまで、西武鉄道の所有による委託経営が続くのである。

ちなみに西武軌道が定めていた社章【左頁・写真❸】だが、記憶に残っている読者も多いのではないか。西武の「西」の漢字をデザイン化した社章は現西武鉄道にも受け継がれ、2007（平成19）年まで使われていた。

トピックス 小半日も世間話でのんびりの 阿佐ヶ谷交換場所

「線路は、鍋屋横丁（現新中野駅付近）〜荻窪間は単線だったため、車両が行き違うための交換場所が必要だった。ところが開業した頃は電車の本数も、朝夕は1時間に2本、日中は2時間に1本しか運行していなかったので、電車がすれ違う交換場所は『鍋屋横丁』と『阿佐ヶ谷』の2ヶ所で十分足りたのだ。

阿佐ヶ谷の交換場所は、今の区役所あたりにあった。交換も10分くらい待つのはザラで、交換の連絡が不十分のため、時々上りと下りの電車が途中で鉢合わせをして、阿佐ヶ谷停留所へバックして戻ってきたりした。

阿佐ヶ谷の交換場所には、村の人々の寄付で1坪半くらいの待合室が造られた。暑い時にはみな電車から降りて待合室で一休みした。乗客や運転手、車掌の遊び場になり電車に乗らない人まで、小半日も世間話をして時間をつぶしたようだ。

車掌は、ほとんどの乗客の顔を覚えていて、毎朝定期的に乗る人の顔が見えないと『あの人は寝坊

したんだろう』と2・3分くらいは待っていた。こんな感じだったから、電車の時刻表はあまり当てにならなかったようだ。杉並からは新宿まで歩いても40～50分で着いてしまうので、40分かかる電車に乗る人は限られ、車内はガラガラのことが多かった。

この軌道線の線路は青梅街道の中心線から北側に敷かれており、人や荷車は南側を通るようになっていた。電車は家の軒先スレスレに走るので、お祭りの祝ちょうちんや飾りの造花を、電車の窓越に引き抜く乗客もたびたびだったという」（杉並新聞社「杉並区年鑑」要約）。

■ 他系統より3倍の乗客数で「ドル箱路線」に

【写真❺】国鉄荻窪駅の南側にあった開業時からの終点・荻窪停留場（1949年）
撮影：高松吉太郎

西武鉄道軌道線は1942（昭和17）年2月、陸上交通調整法で東京市が経営管理するとされ、王子・城東電気軌道とともに市電系統路線へ編入された（所有は西武鉄道）。だが西武鉄道は戦後に「交通調整法は無効」として杉並線の運行権返還を要求、都と裁判沙汰になる。この間では改修工事などが行えないため車両の整備もできず、「日本一のガタボロ電車」ともいわれた。

1950（昭和25）年12月、西武と東京都の間で1億2000万円での買収価格で

合意となり、晴れて翌1951（昭和26）年4月に「都電杉並線」（新宿～高円寺1丁目間の「高円寺線」と、高円寺1丁目～荻窪間の「荻窪線」との総称）となった。譲渡によって都電となったが、10年間ほどの1963（昭和38）年11月に廃止となり「運行期間が最も短い都電」とされる。

終点・荻窪停留場は開業時には、国鉄・荻窪駅（現JR荻窪駅）の南口にあった【左頁・写真❺】。「本来は出願時の新宿～荻窪～田無方面間の全線が連続していることが特許の条件とされていたが、中央線に架橋や地下化して立体交差にすることは現実的に困難として、新宿～荻窪間と荻窪～田無間を分けて敷設することにした。そこで荻窪停留場は中央線・荻窪駅の南側に敷設する設置することになったのである【112頁・地図】」（坂井益夫「鉄道に見る中野の歴史」要旨）。

戦後に中央線を跨ぐ青梅街道上に架かる天沼陸橋が完成すると、杉並線は複線になった。そこで1956（昭和31）年1月からは、終点停留場を荻窪駅北口に移設し「荻窪駅前停留場」（0.2km減）と改称する【写真❻】。

1957（昭和32）年頃には1日6万人近い乗客があり、杉並区民の重要な足となった。「開業時は新宿線といって

【写真❻】天沼陸橋開通で停留場は国鉄荻窪駅北口へ移設して「荻窪駅前」と改称された（1963年11月30日）　撮影：諸河 久

このことが杉並線を都電のドル箱にした」(東京新聞「東京沿線ものがたり」要旨)や「1キロ当たりの乗客数は40本の都電路線のうちいつも杉並線がトップ。〝ドル箱路線〟といわれ、杉並営業所勤務は出世コースとうらやましがられたそうだ」(「朝日新聞」)というほどの花形路線だった。

都電撤去のトップ
首都圏審 まず杉並線を答申

都電の撤去論争が問題になっているおりから、首都圏整備審議会(池辺槇作会長)は二十六日午後首相官邸で首都圏整備委員会の諮問による三十七年度事業計画などについて審議した結果、このうち都電杉並線(新宿〜荻窪)を三十七年度中に撤去することに決め、委員会に答申することにした。

撤去の具体的路線が明示されたのはこれがはじめてで、青山、三田両線も近く同様な答申がとられるものとみられる。

【新聞記事】「都電廃止第1号」を報じる新聞
出典:「読売新聞」(1961年9月27日)

いたが、ダルマ電車のようにガタガタゆれた。軌道は日露戦争に勝ってぶんどったものだ。戦争で家を焼かれた人は武蔵野地区へ移住、昭和24年頃から1日の乗車人員4万人、60万円の収入をあげ、ほかの系統の平均20万円の3倍という都電のナンバー・ワンとなった。

【写真❼】廃止を伝える立て看板

しかし車社会の進行で青梅街道にも交通渋滞の波が押し寄せ、杉並線もダイヤ通りでの運行が難しくなっていく。さらに1959(昭和34)年10月からは、それまで禁止されていた都電軌道内への自動車乗り入れが解除された。解除で渋滞はさらに深刻になり、都電は「交通渋滞の元凶」と言われるようになり、杉並線廃止の動きも浮上する。こうした動きを受けて1961(昭和36)年11月には「都電杉並線撤去反対協議会」も結成された。

東京都は運輸審議会の答申を受けて1963(昭和38)年9月、都電の全面廃止を決める。とりわけ杉並線の軌間(ゲージ)は1067㎜と、他の都電の1372㎜とは異なるため別路線での再利用できず、そのうえ計画中の地下鉄荻窪線が都電杉並線と同じ青梅街道を走ることになり、「41路線ある都電廃止の第1号」となる【左頁・新聞記事】。こうして約40年間にわたって区民の足として活躍してきた杉並線は1963(昭和38)年11月30日、惜しまれながら最後の日を迎えた【左頁・写真❼】。

杉並線の車両は「市内線用として収容、台車を1372㎜用に改造して荒川庫、早稲田車庫などに配属、余生を送った。長崎(長崎電気軌道)へ嫁入りした6両【写真❽】は、始め東京の電車として市民に親しまれたが、これも軽快電車の導入など近代化の波に押され、姿を消しつつあるのは残念だ」(高松吉太郎「鉄道ピクトリアル・458号」)とされ、完全に現役を離れた。他にも1989(平成元)年頃に大森第五小学校(大田区)で静態保存されていたが、「撤去されていまはない」(学校の話)とのことだ。

【写真❽】杉並線を走った2000形(杉並線用)は1989年に6両が長崎電鉄に譲渡され、同電鉄では改軌し1998年まで運行した
出典:「長崎電気軌道100年史」

ラストランの日、車内に響いた「ホタルの光」の大合唱

　廃止第1号・杉並線のラストランの運転【写真❾】は、多くの区民や鉄道ファンに惜しまれながら歴史的な最期を迎えた。

　新聞は伝える。「『永い間ご愛用ありがとうございました』。モールできれいに飾られた花電車の車体には、お別れのことば。

　42年間、働いてきた東京・杉並線（新宿駅西口〜荻窪間7.6km）の都電も、ご時世には勝てず、路線撤去第1号と決まって30日が最後のおつとめ。〝さよなら花電車〟は午後2時半から杉並車庫を新宿に向って出発した。いつもはガラあき路線だが、本日無料の花電車には、別れを惜しむ沿線の住民や小学生でぎっしり満員。

　いつか車内でわきおこる『ホタルの光』の大合唱。運転士さん、車掌さんの目にはキラリと涙が光った」（「朝日新聞」）。

　いつもは客観的タッチの新聞記事だが、当報道はややセンチメンタルな表現も盛り込む。こうして「杉並区の区名が付くたった一つ鉄道」は、青梅街道から別れを告げたのである。

　廃線第1号という歴史的な杉並線のラストランの情景を、ある鉄道ファンは感傷的な表現でペンを執る【右頁・トピックス】。

【写真❾】交叉旗を飾っての杉並線ラストラン（1963年11月30日）
撮影：辻阪昭浩

トピックス 車内に「蛍の光」の歌声響く都電杉並線の終電車

「この日、空は朝から空にはどんよりと鉛色の雲が垂れこめ、共に最後の日を悲しむかのように思われる天候であった。夜の幕(とまり)が下がり、夜が更けるにつれて、沿線の人々の哀惜の情が高まっていった。

23時15分、最終杉並車庫行が新宿駅前を出たあと、心づくしのモールに飾られた2023号が交通局の自動車に先導されて入って来た。ひとしきりフラッシュの光を浴びた後、超満員の乗客を乗せて、再び通ることのないレールを踏みしめながら、一路杉並車庫に向かった。

新宿のネオンも次第に遠ざかり、懐かしい淀橋・鍋屋横丁を過ぎ、高円寺1丁目にさしかかる頃から、誰からとなく『蛍の光』の歌声が湧き起り、車内にひびいた。

硝子ごしに見える装飾のモールが、もうそこまで来ている師走の冷たい風に吹かれていた。最後の務めを果たした2023号は、杉並営業所全員の出迎える車庫前停留場へ到着した。

時に、昭和38年11月30日、23時51分、ここに杉並線は、堀之内軌道株式会社の蒸気車試運転以来、66年にわたる歴史を閉じたのである」(出典:野尻泰彦「鉄道ピクトリアル154号」)

【新聞記事】廃止第1号の杉並線を大きな記事で報じる新聞
出典:「毎日新聞」(1963年12月1日)

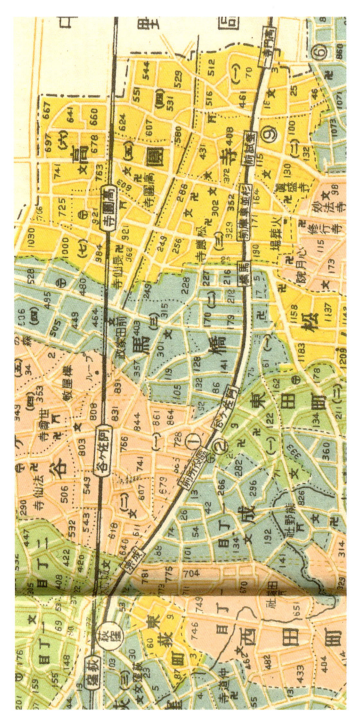

【地図】終点・荻窪停留場が国鉄荻窪駅の南側にあった当時の路線図（1948年）
出典：「コンサイス東京区分地図帳」（三省堂）

都電杉並線等の停留場名変遷

1921年 西武軌道開業	1926年 新宿駅乗入時	1932年～	1942年～	1951年～ (都へ譲渡直後)	1963年 (廃線時)	現都バス等 現停留所
—	新宿駅前	—	新宿駅			
—	新宿	ガード下	角筈1丁目	新宿駅前	新宿駅前	新宿駅西口
—	浄水場前	浄水場前	角筈2丁目	—	—	—
—	淀橋警察署前	淀橋警察署前	淀橋警察署前	柏木1丁目	柏木1丁目	東京医大病院前
—	成子坂下	成子坂下	成子坂下	成子坂下	成子坂下	成子坂下
淀橋	淀橋	淀橋	淀橋			
—	—	中野坂上	—			中野坂上
浅田銀行前	浅田銀行前	住友銀行前	本町通2丁目	本町通2丁目	本町通2丁目	—
宝仙寺前	宝仙寺前	宝仙寺前	宝仙寺前	—	—	宝仙寺前
—	中野警察署前	中野警察署前	—			
上町	中野銀行前	中野銀行前	本町通3丁目	本町通3丁目	本町通3丁目	本町3丁目
登記所前	登記所前	登記所前	中野新橋通	—		
鍋屋横丁	鍋屋横丁	鍋屋横丁	鍋屋横丁	鍋屋横丁	鍋屋横丁	鍋屋横丁
追分	追分	追分	—			
—	橋場	橋場	本町道5丁目	本町道5丁目	本町道5丁目	新中野駅前
西町	西町	西町	本町通6丁目	本町通6丁目	本町通6丁目	本町6丁目
—	—	天神前	—			中野天神前
天神前	天神前	天神前	高円寺1丁目	高円寺1丁目	高円寺1丁目	高円寺南1丁目
—	—	山谷	高円寺2丁目	—	高円寺2丁目	東高円寺駅前
妙法寺口	妙法寺口	妙法寺口	蚕糸試験場前	蚕糸試験場前	蚕糸試験場前	高円寺陸橋
高円寺	高円寺	高円寺	西武車庫前	杉並車庫前	杉並車庫	杉並車庫前
馬橋	馬橋	馬橋	馬橋	馬橋1丁目	馬橋1丁目	新高円寺駅
—	—	松ノ木口	—			
西馬場	西馬場	西馬場	—	馬橋2丁目	馬橋2丁目	西馬橋
阿佐ヶ谷	阿佐ヶ谷	阿佐ヶ谷	阿佐ヶ谷	阿佐ヶ谷	阿佐ヶ谷	梅里中央公園入口
—	杉並警察署前	杉並警察署前	杉並警察署前	杉並区役所前	杉並区役所前	杉並区役所
田端	—	—	阿佐ヶ谷1丁目	—		杉並都税事務所
成宗	—	—	—	—	成宗	阿佐谷南3丁目
天沼	天沼	天沼	天沼	天沼	—	天沼
荻窪	荻窪	荻窪	荻窪	荻窪	荻窪駅前	荻窪駅前

※参考：「都営交通100周年都電写真集・CD」（東京都交通局）／「日本鉄道旅行地図帳」（新潮社）／「東京都内乗合バスルートあんない」（JTBパブリッシング）

廃止路線 2

鉄道大隊訓練線
（中野村～杉並村間）

中野～天沼間に長大の訓練線路

DATA
- 事業者：陸軍鉄道隊
- 区　間：中野村（中野区）～杉並村字天沼間
- 距　離：約4.2km
- 開　業：1897（明治30）年6月20日
- 移転（廃止）：1907（明治40）年11月頃

■ 幅20～50m、全長4.2kmの訓練用地

　40年ほど前、区天沼出張所に務めていた著者は、現JR中野駅北口一帯から西北部の現区天沼方面に向けて伸びていた訓練線跡の広い道路を歩いた記憶がある【下「地図」は戦前のもの】。

　同地はかつて「陸軍鉄道隊」（「鉄道大隊」とも。通信隊・気球隊を含む）の演習場だった道路である。

　「甲武鉄道開通と同時にこの地に『陸軍鉄道隊』が創設され、営門から高円寺村を経て青梅街道まで鉄道線路敷設練習場がつくられました。また鉄道隊の西端から早稲田通りに並行して高円寺北、阿佐谷北を経て2.5km（4.2kmか）先の天沼2丁目の日大二高まで幅20～50メートルの土地

【地図】戦前まで残っていた東西に延びる鉄道大隊訓練線跡地の広い道路（1937年）

が軍用地として買い上げられ鉄道線路の敷設、機関車の運転訓練の演習場となった」(森泰樹「杉並風土記・中巻」)。

現在では、中野駅北口一帯(中野区役所など)～高円寺・庚申通り商店街～馬橋公園北(軍が飛行機格納用地として買収。後の陸軍気象部→気象研究所)～お伊勢ノ森児童遊園～天沼(日大二高西側付近)間である。

兵役は2年間で、「架設橋梁や線路の敷設、更に撤去、車両の運転等、鉄道関係全般に渡っての実習と共に、軍事訓練が行われ、白い作業服の兵士によって次々と橋が造られ、線路を敷き、撤去を繰り返し、機関車の運転演習等も繰り広げられて行ったのであった」(岩淵文人「鉄道大隊」)と、幅広い軍事用の鉄道訓練が実施された。

同隊は1896(明治29)年11月、東京・牛込河田町の陸軍士官学校内で創立されたが、都心部の人口増などにより、広大な敷地を要する郊外への移転に迫られる。そこで翌1897(明治30)年6月、中野駅北側へ転営してきた【写真❶】。

転営に当たって翌1898(明治31)年6月、「閑院宮殿下を迎え、中野駅から会場までに線路を臨時に敷設、花火を揚げて……」とする、創立記念式が盛大に挙行されている【116頁・新聞記事】。大隊は1～20連隊(電信隊を含む)まであり、1000人規模だったといわれる。

訓練【116頁・写真❷】では「明治末期には日本全国で4分の1を占める、

【写真❶】中野にあった頃の鉄道大隊の正門(1903年)
出典：絵葉書

> ○鉄道大隊記念式
>
> 豊多摩郡中野村の鉄道大隊にては去る四日当隊内に於て同隊の創立記念式を挙行したり当日は午前七時三十分を以て大隊長吉見丁兵大佐以下隊附将校下士卒正装の上、両陛下の御寫影を擁載せる式場に整列し形の如く式を絞りたるが此時東京よりの來賓は未だ到着せざりしため式の間も至て静粛なりしが斯くて東京より取り上げたる甲武鉄道の臨時列車は図らずも宮殿下を始め山縣元帥、伊東海軍々令部長、川上参謀総長、長谷川近衛師団長、石本築城部長、石熱砲兵監以下陸軍省参謀本部近衛師団等の各将校其他千餘名を載せて定刻時刻五分中野停車場に着せしが此處にて後發列車の後方に別に機関車を附け併せて停車場より稍一町許りみし大隊の敷設に係る線路を走り出て列車後方の機関車を以て営内に進み入り設けたるプラットフォームに着したり此線路は追ひたる枕木を敷設したるに依り四五吋の高さまでも組み上げたるものにして一見危険なるが如くなれども此實際めて堅固にして用に適すといふる之を見るに足れり然は此線路は當日の紀念式のため

【新聞記事】中野での鉄道大隊の創立記念式の模様を伝える新聞
出典：「時事新報」（1898年6月7日：岩淵文人「鉄道大隊」から転載）

主力のB6型貨物用蒸気機関車」（「鉄道大隊」）が使われたという。

　大隊後継の鉄道連隊が訓練として敷設した路線では、「西武鉄道村山線」（現西武鉄道新宿線。高田馬場～東村山間）、「中島飛行機東久留米駅構外線」（西東京市）、「東京急行代田連絡線」（現小田急小田原線・世田谷代田～井の頭線・現新代田間＝88頁参照）などがある。

【写真❷】陸軍鉄道大隊の演習風景（明治時代）

■ 訓練機関車に乗せてもらった子供も

　当時の訓練地付近の子どもは「鉄道隊の兵隊さんが線路を敷いたり、外したり、機関車を走らせたり、毎日演習をしていた。俺たちは学校が終わると毎日のように見に行ったもんだ。たまに汽車＝訓練車【写真❸】に乗せて貰うと、次の日は学校でそのことを自慢し、皆から羨ましがられたもんだヨ。日曜日は演習が休みで、子供たちのいたずらを防ぐためにトロッコを線路から外してあった。俺たちは大勢で力を合わせてトロッコを線路に乗せ、遊んだが面白かったネ。子どもの頃の一番の遊びだったヨ」（「杉並風土記」）とする、嬉々とした子ども体験談が残っている。

　訓練線の用地面積が狭かったこともあり1907（明治40）年11月、大隊は「鉄道連隊」に昇格して千葉に移転（現千葉工業大学に連隊正門）、10年間の訓練活動を閉じた。

　移転後の気球隊地（旧大隊跡地）へ乗り入れる目的での延伸路線を、「川越鉄道」（現西武国分寺・新宿線）が計画したことがある。同鉄道は1912（明治45）年に東村山駅で分岐し、田無から井荻に出て高円寺から中央線に沿って中野に至るルートで出願した。だが武蔵野鉄道と西武軌道の中間にあり不必要とみなされ却下されている。

【写真❸】大隊訓練用に使われたとされる同型のB6型機関車
（2010年3月）　日本工業大学で撮影

連隊移転後の跡地は馬橋公園などに転用

【写真❹】訓練跡は気象研究所へ払い下げられ現在は馬橋公園となっている

移転した鉄道大隊の横断跡地は電信隊の電線架線の演習場と変わり、付近の住民からは「電信隊の原」(「原」は杉並村大字馬橋の小字名)と呼ばれるようになった。しかし第1次大戦後に飛行機の重要性が叫ばれるようになると、気球隊は飛行隊に再編成される。そこで電信隊の用地（旧鉄道大隊線路跡）は幅を拡げて、軍用機演習用の滑走路にすると決定された。

1913（大正2）年にはさらに飛行機格納用地を作る予定で、高円寺付近の場所（約1万7000坪＝約5万5000㎡）を収用している。だが予定地内に民家が多いうえに、さらに広い立川飛行場の建設が決まったため、確保した用地へは1924（大正15）年に陸軍通信学校が開校する。通信学校は1939（昭和14）年に移転したため陸軍気象部が入った。

終戦後になり敷地は3分の1に縮小され1947（昭和22）年4月、運輸省（現気象庁）の「気象研究所」となる。残りの土地は後年、馬橋小学校や白梅学園（現秀和レジデンスなど）などに払い下げられた。気象研究所は1980（昭和55）年6月には筑波学園都市に移転し、現在では区立馬橋公園（高円寺北4-35-5）【写真❹】などとなっている（戦時中の1944年、所内に気象神社を造営したが、移転後に高円寺・氷川神社へ移管された）。

鉄道大隊訓練地を引き継ぎ、滑走路を計画した細長い跡地を数十年ぶりに訪ねてみると、沿道はすっかりと住宅地に替わっていた【写真❺】。

【写真❺】終点地跡の天沼付近は分譲されて快適な住宅地となっていた

杉並の鉄道

第4章
未完成路線編

甲武馬車鉄道

帝都電鉄線←東京山手急行電鉄線

東京外円鉄道線

大東京鉄道線←金町電気鉄道線

堀之内軌道分岐延伸線

西武鉄道荻窪乗入れ線

西武鉄道無軌条電車（トロリーバス）線

京王帝都電鉄三鷹線

京王帝都電鉄地下鉄線

弾丸列車

エイトライナー

119

杉並を経由する鉄道も多く計画

「未完成路線」は鉄道ファンの間では「未成線」(「計画線」とも)と呼ばれている。未成線は「未完成の鉄道路線」の略語で、計画・構想を立てたものの財源等で着工に至らなかった路線や、着工したものの途中で中断・凍結され最終的に列車を走らせることができなかった路線のことである。

より早くより大量に輸送できる効果的な運送機関がないため、明治後半から昭和戦前にかけて「鉄道ブーム」が巻き起こる。時代にもよるが、一説による

【路線図】杉並を経由する山手急行電鉄の計画路線図。地方大都市の人口を比較しながら計画線の現実性を解説している

と出願の7〜8割が却下され、免許・特許を取得しても資金不足等によって、7〜8割が未成線に終わるといわれる(参考：森口誠之「未成線を歩く」)。計画から線路を敷設して列車を走らせるまでには、資金集めやルート調査、書類作成など相当なイバラ道であったようだ
【鉄道文書】。

鉄道計画は現23区内でも、都市の発展の機運を受けて数限りなく企図された。特に杉並地域は人口が急増傾向にありながら、まだ田畑だけの土地が多く、比較的に買収しやすかったこともあり幾多の鉄道計画が立案された。

【鉄道文書】免許を受けたもののや未成となった西武鉄道の淀橋〜立川間線の出願書　所蔵：国立公文書館

その特徴は、起点と終点の途中に位置する「経由地」としての位置づけが多く、山手線の外側を半環状ルートで建設や、東京市街地から多摩地方への横断途中の路線などが目立つ。

未成線となった鉄道計画は、出願書や出資者募集のパンフレット【左頁・路線図】などが各地に残っており、趣味として楽しむにも、研究として学ぶにも十分に価値がある分野である。いっぽう未成線跡歩きでは、同線はあくまで計画線であり痕跡も残っていないの

で、歴史的な探究対象としては物足りない面が少なくない。

とはいえ「なぜここに鉄道を敷こうとしたか」「鉄道が走っていたらどのような都市に発展していたのだろう」「どのような車両が走り、どんな鉄道景色になっていたのか」などを空想すると、地域や鉄道の歴史が浮き彫りにされて、不思議に興味が湧いてくる。

本編では区内を縦横断しながら経由しようとした、代表的な未成線を読み解いてみた。

未完成路線 1

甲武馬車鉄道
（新宿～立川～羽村・八王子間）

「馬力から蒸気の時代へ」で未成に

DATA

◇第1期
事業者：甲武馬車鉄道
区　　間：内藤新宿（新宿区）～田端村～松庵村～砂川（立川市）～羽村（羽村市）間
距　　離：約47km
出　　願：1884（明治17）年4月22日
変　　更：1885（明治18）年5月25日
◇第2期
区　　間：内藤新宿（新宿区）～砂川（立川市）～八王子（八王子市）間
距　　離：約51km
変更ルート出願：1885（明治18）年5月25日
変更免許：1886（明治19）年11月10日
失　　効（蒸気鉄道への変換出願）：1886（明治19）年12月14日

■ 玉川上水に舟を浮かべての輸送機関も

わが国における鉄道は1872（明治5）年10月、新橋～横浜間を走った蒸気鉄

道に始まる。その10年後の1882（明治15）年6月、新橋～日本橋間で路面上を

121

走る鉄道馬車が登場する。

それ以前の輸送は馬車等による輸送が主であった。初の営業による乗合馬車は1869(明治2)年、日本橋～新宿～田無間の青梅街道沿いを運行しており、経営者は中野で馬宿を営んでいた深作幸治郎といわれる。3年後の1872(明治5)年10月には、主に甲州街道沿いの東京～八王子間を走る「甲州街道馬車会社」が開業している。同会社は初の会社組織で経営され、宿場でにぎわう高井戸などを経由して運行されたという。

しかし1台に6～10人程度しか乗れない乗合馬車では、大量・速度・距離などを役割とする輸送機関としては不十分であった。とりわけ石灰石・生糸・材木などの特産物を大量に輸送する多摩地方では、新たな輸送機関の必要性に迫られた。

そこで地元では、羽村堰から新宿(四ツ谷大木戸)まで延びる玉川上水に舟を浮かべての舟運輸送を発想し、1870(明治3)年4月に開業に持ち込む。とはいえ「飲み水ともなる玉川上水に舟を浮かべての輸送では、水が汚濁してたまったものではない」として、2年後に中止の命令を受ける。玉川上水沿いの高井戸の人々は「馬で荷物を運んで生計を立てていた人たちが、舟運開通のために収入の道が絶たれた」として、舟に石を投げて妨害をしたという逸話も残る。こうした背景を受けて新たな輸送機関として、馬車鉄道を走らせる構想が企図される。

■ 馬車鉄道に反対した旧杉並の人々

現杉並区内へ最初に計画された馬車鉄道は「甲武馬車鉄道」である。社名の「甲武」は、「甲斐国」(現山梨県)と「武蔵国」(現東京都等)を結ぶ目論見に由来する。同馬車鉄道は1884(明治17)年4月、新宿～砂川(現立川市)～羽村(現羽村市)【写真❶】間で出願した。

ルートは「新宿(現新宿区)を

【写真❶】甲武馬車鉄道が起点地として計画した明治時代の羽村堰
出典：羽村市史

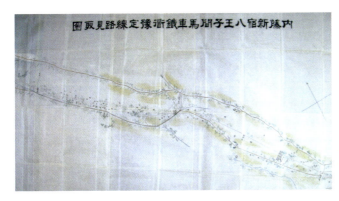

【地図】馬車鉄道の出願書で終点地を羽村から八王子へ替えた再出願書類に添付された路線図
所蔵：国立公文書館

起点に、線路を青梅・八王子（甲州街道のこと）両街道の中央、即ち和田・堀ノ内（現杉並区）を経て玉川上水の堤敷に沿い、砂川村を貫通し、福生（現福生市）を過ぎ羽村に至る、里程12里（約47km）間を第一着（最初の敷設区間）とし、砂川より八王子に至る里程3里（約12km）間を第二着（次の工事区間）とし、そこに馬車鉄道を敷設し落成後、漸次甲府までの敷設を目的とする」（「甲武鉄道市街線紀要」要旨）であった。

終点を羽村としたのは玉川上水の起点地と、発起人の多くが羽村周辺の資産家だったことが大きい。現杉並地方では和田・堀ノ内付近を経由するとある。「この間に、田端村・松庵村・吉祥寺村・小川村・砂川村の5ヵ所に停車場を、上保谷と福島村に馬継所を予定しています」（国立公文書館『公文類聚第10編』の「内藤新宿八王子間馬車鉄道予定線見積図」）とあるように、現杉並地域では、田端村（現成田東・西付近）と松庵村（現松庵付近）に停車場を設ける予定だったようだ。また田端村停車場の設置は、浅草寺（現台東区）に並ぶほど参詣客が多かった、堀ノ内・妙法寺への経由も意識した設置と思われる。

ところが発起人は「よくよく検討したら羽村では採算性に難がある。よって起点を羽村から物流の中心地である八王子にする」として翌1885（明治18）年5月に「新宿に起り、神奈川県下福島村（現昭島市）に至るを第一着手とし、同村より八王子に至るを第二着手とす。及ぶべきは漸次青梅・甲州地方にも及ぶとする」（「東京八王子間鉄道馬車布設及ヒ会社設立願」）、として、起終点地を羽村から、福島村経由、八王子にルート変更して再出願した【地図】【124頁・鉄道文書❶】。

鉄道文書❶ 【東京～八王子間鉄道馬車布設及会社設立願】
（馬車鉄道を新宿～八王子間に敷設する願い書）

「国家の富を築くには、物産の繁殖を計る他はありません。しかしこの振興を望むには、運輸その物の便を開くことは当然のことで、敢えてこまごま説明することはないでしょう。

しかし御府下南豊島・東多摩両郡以西、神奈川・山梨両県下に達する国地は、概して運搬の便が開けていないために、貨物の出入りの不便を覚えることが少なくありません。この地方はもとより、御（東京）府下全体にとっても例外ではありません。

ところで神奈川県下・八王子は、織物その他内地の日用の品物を算出することも少なからず、ましてや現今では、海外輸出品の要部を占め、生糸産地中に於いて屈指の地であります。これを見て私どもは不肖を顧みず、該地方まで昨年春に、馬車鉄道敷設をお願いしました。

それ以来の変更もあり、再び調査に着手し、その間に実地仮測量を遂

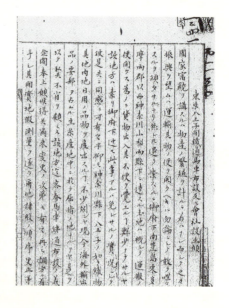

げました。そこで一同協議のうえ会社を設け起業資本金を35万円と定め、そのうち10万円は発起者の負担とし、残額25万円は株金を募集します。営業年限は開業の日より向30年とし、本社を御府下・内藤新宿に設立し、線路は同宿に起こし、神奈川県下福島村に至るを第1着手とし、同村より八王子至るを第2着手とします。その後に願わくば漸次、青梅・甲州地方にも延伸させたいと思っ

ています。

　もっとも線路の敷地は人民所有の相当額で買収することはもちろん、線路に掛かる諸修繕費は本社の負担といたします。なお起工順序などの詳細は、別冊の会社規則・予算・絵図面等を添付いたしましたので御調査を願います。沿道各村の承諾証書写は副申でお届け致したく、私どもの願意を御採用い

ただければ幸いに存じます。

　御許可頂ければ本社の幸福のみならず、少なからず沿道人民の利益になると思い、馬車鉄道の敷設と会社を設立いたしました」
（出願日：1885年5月25日。出願者：出願者：藤波富次郎・浮谷五郎兵衛・藤波治助・岩田作兵衛・井関盛艮。受理者：東京府知事・芳川顕正殿）＝所蔵：国立公文書館

　この鉄道馬車の計画に対して永福・和田・和泉村有志は1885（明治18）年9月、「鉄道馬車が走ると瓦礫が飛ん

できたりして、農業の邪魔になる」【鉄道文書❷】として強く反対する。

鉄道文書❷ 【馬車鉄道への杉並住民の見解】
（鉄道馬車線路敷設ノ義に付稟申）

　「今般南豊島郡角筈村より神奈川県八王子間の鉄道馬車線路新設相成候趣に付、村内苦情の有無、取調方嚮（さき）に御達に拠り沿道取調候処、和田村南部・和泉・永福寺両村の北部なる耕地を遮（さえぎ）って線路布設相成候様子に之れ有、然るときは本

村の如さは素より地質瘦上、殊に耕耘地（こううんち）手狭にして村民夫々耕耘するに足らざれば、他村へ出作人多く、実に貧村にして一戸の経営漸（ことごと）く露命を繋ぐ者多ければ、人民悉（ことごと）く困難罷在候折柄、線路布設が相成候ては第一耕耘地の減るを憂う。

125

第二毫の地所を耕耘するに斯の二倍、或いは四倍の迂路を行くにあらざれば該地の肥料及び収穫等、運搬する能わず、第三馬車往復の為め自然作毛の露を払い、幾分か収穫の成熟を妨げ、殊に近傍に瓦礫等の投交するを憂う。

斯の如く、此三項をや亦一歩を進めて言えば、鉄道なるものは人民の便利を増長し、市僻相共に幸福を得る皇国の利益なるは今論を顧るに暇あらずと雖ども、茲に民情に就て熟惟すれば、鉄道敷地の事業たるは最も緊要なりと雖ども、農を業とし筋骨を労し、漸く露命を繋ぐ小民には一銭の利潤なくして、却って其困難を増さざしめ、鉄道会社は之を見て快よしとなすや、果して然らざるべし。

然らば前陳三項の困苦及び損失は永世なれば之を脱せしめんが為め、線路新設の義は村内一同、苦情之有候間、此段及び上申致し候也」

（明治18年9月2日、東多摩郡和田村外三ケ村、戸長・横尾八右衛門、右村々人民総代・細野甚太郎、東多摩南多摩郡長　江連堯則殿＝「新修杉並区史」）

高井戸宿の旅籠（旅館）経営者や宿場客相手の食べ物・雑貨などを販売している人たちも「旅人が鉄道に乗ってしまうと、自分たちの宿場を素通りして、ここで休む人がいなくなる。」と首を縦に振らなかった。同様の陳情は永福・和泉村に加え、角筈村・柏木村（現中野区）・幡ヶ谷村（現渋谷区）などからも数回にわたって出されている。

しかし馬のけん引で走る甲武馬車鉄道に対して、「武甲鉄道」と（新宿～羽村・青梅間）、「武蔵鉄道」（八王子～川崎間）の2社が、時代を先取りするように蒸気動力で走る鉄道を出願する。焦った甲武馬車鉄道は社名を「甲武鉄道」へ改称しながら、馬車鉄道から蒸気鉄道に切り替えて出願をし直す（36頁参照）。結局は先願権を持つ甲武鉄道が、武甲鉄道と武蔵鉄道を抑えて免許を勝ち取った。こうして1889（明治22）年4月に新宿～立川間の一直線を蒸気鉄道で開業することになり、新宿～八王子間の鉄道馬車計画は未成となる。

未完成路線 2

帝都電鉄線←東京山手急行電鉄
（大井町～杉並町～西平井間）

明大前駅には
着工路線の痕跡も

DATA

事業者：帝都電鉄←渋谷急行電気鉄道←東京郊外鉄道←東京山手急行電鉄

◇第1期

区　　間：大井町（品川区）～杉並町～西平井町（江東区）

距　　離：42.6km

軌　　間：1435mm・1067mm（第3軌条）

出　　願：1926（大正15）年9月

免　　許：1927（昭和2）年4月19日

路線変更：1929（昭和4）年5月

◇第2期

区間（ルート変更）：大井町（品川区）～和田堀町～杉並町～西平井町（江東区）

距　　離：50.6km

軌　　間：1067mm

路線変更免許：1929（昭和4）年5月

路線縮小：1936（昭和11）年1月23日

◇第3期

区間（ルート変更）：大井町（品川区）～和田堀町～杉並町～駒込（豊島区）

距　　離：約29.3km

軌　　間：1067mm

路線縮小免許：1936（昭和11）年1月23日

失　　効：1940（昭和15）年4月27日

■ カラー刷りの計画路線図など残る資料も豊富

　環状路線でも代表的な未成線は「東京山手急行電鉄」である。関東大震災で郊外に移った人口を目当てにしての敷設計画であった。山手線周辺の市部・郡部をほぼ一周する環状線で、「第二山手線計画」とも呼ばれた。現実に敷設工事にも着手している。カラー刷りの出資者向けの計画路線図など、残存資料も多く、東京では押しも押されも

しないトップレベルの未成線だ。

　当初の計画は1926（大正15）年4月に出願した「東京電気鉄道」で、大井町（品川区）～西平井町（字洲崎＝江東区）間の計画であった。起点・大井町は東海道線の駅があり旧宿場町として栄え、終点・西平井町（「洲崎パラダイス」と呼ばれた）は花街としてにぎわっていた場所である。

127

鉄道文書 ❶

【趣意書】（出資者募集のパンフレットに記載された「趣意書」には、勧誘するための美辞麗句が並ぶ）

「近年、東京市の近郊が急激に発展したる結果、官線山手線の乗客は急増している。朝夕の如きはその雑踏むしろ凄惨にして、何人も第二山手線の出現が急務であることを痛感しない者はいない。本電鉄（東京山手急行電鉄）は、主としてその使命を果たそうとするために計画したものである。加えて江東方面は縦の電鉄の少数を有するのみにして、山手線に相当する横の連絡線は無く悩めるので、その溢れるような乗客の流れもまた本電鉄に殺到することは必然である。

今や東京市の人口199万余に過ぎ、接続5郡の人口はざっと211万余に達している。しかも年を追うごとに激増の趨勢を示しつつあり、本電鉄沿線の人口だけでも優に180余万達している。圏内には無数の工場あり、学校あり、連隊あり、花柳街あり、名勝あり、競技場あり、水陸の連絡地点あり。加えて本電鉄と交差する培養路線（接続線）が31余の多くに上っている。

思うに郊外電鉄の中で、その環境のように雄大であることは確かに空前のことであり、開業後すでに10余年を過ぎた優良線というも、なおこれに及ぶものは少ないようである。従って本電鉄は過去の記録を破り、開業早々より空前の業績を挙げることができると信じている。

【趣意書】

近年東京市の近郊急激に發展したる結果、省線山手線の乗客激増し、朝夕の如き其雑踏寧ろ凄惨にして、何人も第二山手線の出現急務なるを痛感せざるものなかるべし。本電鉄は主として其使命を果さんが爲めに計畫せられたるものなり。加ふるに江東方面は縦の電鉄の少数を有するのみにして、山手線に相當する横の連絡線無きに悩めるを以て其の溢るゝが如き乗客の流れも赤本電鉄に殺到すべきは必然なり。今や東京市の人口百九拾九萬餘に過ぎざるに、接續五郡の人口は優に二百拾壹萬餘に達し、而も逐年激増の趨勢を示しつゝあり、本電鉄沿線の人口のみにても優に百八拾萬餘に上る。思ふに郊外電鉄中其環境の新たの如く雄大なるは著しく空前の事にして、開業後已に拾餘年を經たる優良線と雖も、尚ほに及ぶものゝ少なきに似たり。從って本電鉄は過去の記録を破り、開業早々より空前なる業績を擧げ得べし。其間無數の工場あり、學校あり、聯隊あり、花柳街あり、名勝あり、競技場あり、水陸の連絡地點あり。加ふるに本電鉄と交叉連絡する培養線の多きに上り、一般本鐵道敷設の發許可を得たるを以て、玆に其計畫を發表し、大方諸彦の御賛同を乞ふ次第なり。

發起人

今般、本鉄道敷設の免許を得たので、ここに計画を発表し大方諸彦（優れた諸君）の御賛同をお願いする次第である」

しかし関東大震災直後のために却下され、「東京山手急行電鉄」が1927（昭和2）年4月、東京電鉄の構想を引き継ぎ免許を取得する【左頁・鉄道文書❶】【新聞記事】。引き継いだ山手急行は「第2山手線」と大宣伝をして出資者を募った【新聞広告】【132頁・計画路線図】。途中の省線6、私鉄14社19路線をまたぐ路線で、終点・西平井（洲崎）から東京駅までは市営地下鉄の計画線に乗り継ぐ構想であった。

経由地として現杉並区の和田堀内町（当時の町名は正しくは「和田堀町」）と杉並町の地名も見える。列車運転計画表を見ると、駅として当区内には和泉駅、和田堀駅、妙法寺前駅の3つを設置する計画だった【131頁・鉄道文書❷】。

【新聞広告】環状・山手急行電鉄の創立を伝える当時の新聞
出典：「朝日新聞」（1927年4月20日）

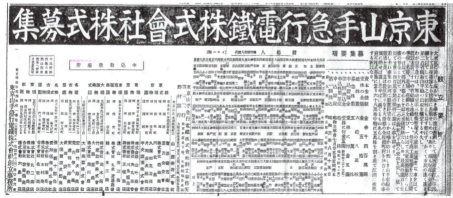

【新聞広告】新聞による山手急行の株式募集広告

129

同計画では全線を複線とし、道路と線路を立体交差で結んで、踏切がない安全性の高い路線とした。高架・掘割にしたのは、廃土を使って低湿地を埋め立て、人口の少ない沿線に住宅地を分譲して採算性を高める狙いもあった。しかし高架・掘割を中心とする計画のため建設費が割高だけでなく、折からの金融恐慌による不況に見舞われ資金繰りの見通しがつかなくなる。

■ 建設費も捻出できずに理想鉄道は未成へ

その後に「小田原急行鉄道」（現小田急電鉄）の傘下へ入ることで、資金の目途が付き建設に着手した。1929（昭和4）年5月には、大井町〜西平井間のルートをやや外側に広げ、距離を10kmほど増やして50.6kmにしている。だがこの時点で費用が掛かる掘割での建設は取り止める。

片や景気の方は世界恐慌が収まらず翌1930（昭和5）年11月、渋谷〜吉祥寺間の建設をめざす「東京郊外鉄道」と合併した。東京郊外鉄道は1933（昭和8）年1月、「帝都電鉄」と改称して山手急行の構想を引き継ぐ。だが戦争の激化などもあり、1936（昭和11）年1月には西平井〜駒込間を断念し、残る大井町〜駒込間だけに縮小して免許を取得する。

一時は部分工事に入るものの、戦時体制に入っての資材不足や他の事業に失敗するなど、ますます建設が困難な状況に陥る。その後も状況は変わらず結局、路線短縮した大井町〜駒込間も1940（昭和15）年4月に失効し未成線となってしまう。

未成線の痕跡が区内に残っている。場所は京王線・明大前駅（当時西松原駅）の北側にある明治大学のキャンパスを越えた、玉川上水水道橋（杉並区和泉2-10-3）である【写真❶】。水道橋脇から井の頭線の線路を覗くと掘割りの中に、山手急行が予定した2線分

【写真❶】明大前駅北側の人道橋下には、東京山手急行線用の2線分の予定用地が今でも残る

のスペースが手前に見えてくる。付近の立体交差は、旧山手急行線の工事も並行して行っていた帝都電鉄が、橋梁建設費を負担して造ったものだ。

鉄道文書❷ 【計画ルート＝第1期出願線】

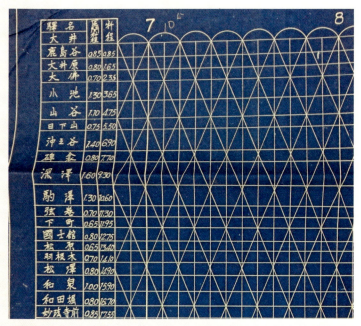

計画線のダイヤグラム。和田堀や妙法寺前駅などの駅名も見える
所蔵：国立公文書館

起点・東京府下荏原郡大井町、同郡平塚町、碑衾村、目黒町、駒沢村、世田谷町、豊多摩郡和田堀内村、杉並町、中野町、野方町、落合町、北豊島郡長崎村、板橋町、西巣鴨町、滝野川町、尾久町、三河島町、南足立郡千住町、南葛飾郡南綾瀬村、隅田町、寺島町、吾妻町、小松川町、亀戸町、大島町、砂町、終点・東京市深川区西平井町洲崎
◆区内設置予定駅＝和泉駅、和田堀駅、妙法寺前駅

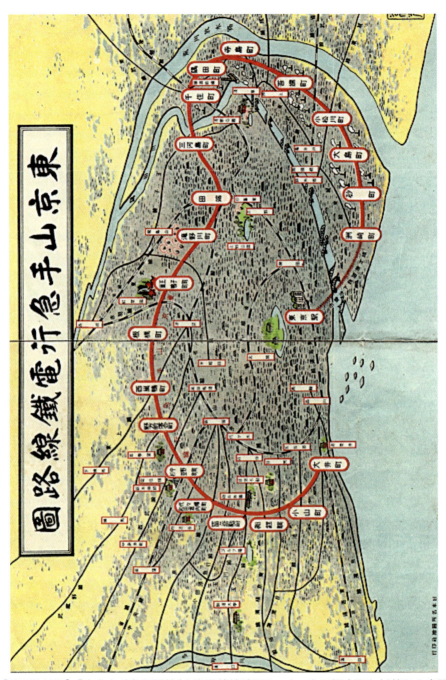

【計画路線図】「東京山手急行電鉄」の半環状線計画ルート。和田堀内町と杉並町の表記が見える　所蔵：杉並区立郷土博物館

未完成路線 3

東京外円鉄道線
（大森～高円寺～西平井間）

出願者には杉並町成宗の住民も

DATA
- 事業者：東京外円鉄道
- 区　　間：大森（現大田区）～高円寺～西平井（現江東区）間
- 距　　離：42.1km
- 軌　　間：1067mm
- 出　　願：1925（大正14）年12月26日
- 却　　下：1927（昭和2）年4月

■ 東京山手急行と同趣旨・ルートで却下へ

「東京外円鉄道」は1925（大正14）年12月、山手線の外周する半環状線の本線の他に6つの支線建設を目論んで出願した【資料❶】【鉄道文書】。本線の半環状線ルートは大森（大田区）～高円寺～西平井（江東区）間である【135頁・計画路線図】。

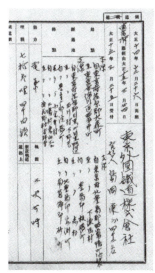

【鉄道文書】一気に7路線を出願した外円鉄道の鉄道省決裁書
所蔵：国立公文書館

【資料❶】会社設立の趣意書等の表紙
所蔵：区立郷土博物館

出願書案では「今般、東京府荏原郡大森町より大東京外円を画し東京市深川区西平井に至る間に地方鉄道を敷設し、一般運輸の業を相営みたく、特別の詮議を以て本願を至急御免許を下付頂きたくこの段申請候なり」としている。

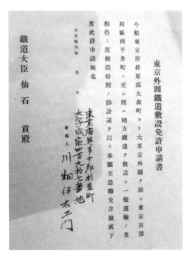

【資料❷】出願者には成田の住民が数人、名を連ねている
所蔵：区立郷土博物館

　起点・大森は東海道の宿場町として栄え、終点・西平井町と隣接する洲崎弁天町付近は花街としてにぎわっていた場所である。計画路線図をなぞると、駅は現杉並区内では高井戸・堀ノ内・高円寺付近に設置する計画だったようだ。

　発起人には代表として島田康なる人物が就いているが、他に和田堀内村々長・鈴木宇右衛門、杉並村々長・岩崎初太郎や旧成宗（現成田東・西地域）居住者など、数人の現杉並区住民が名前を連ねている【資料❷】。大半が農民であるも、相当の資金を出して鉄道業の成功に賭けていた野望が覗く。

　資金確保（株式）にあたっている証券会社・土屋鋭太郎商店は、「大東京を環る第二の省線電車たらんとする・東京外圓鉄道工業株の提供！」として、32×47cmの両面刷りの大型パンフレットで募集した。

　東京府では「大東京郊外を環状的に敷設するを以て、省線その他の既設交通機関に連絡できるので、都外市町村の発展並びに交通緩和上も適当な施設と認める」として建設に積極的だった。

　しかし鉄道省では「本出願線は別途に免許した東京山手急行電鉄＝126頁参照）とその目的、ルート（大井町〜西平井間）が同一せるを以て……」として却下した。

　当鉄道や東京山手急行電鉄など、「第二山手線」と呼ばれた一連の環状路線計画は、昭和恐慌や戦時体制を経て未成に終わってしまう。ちなみに当外円鉄道は大井町〜西平井間と同じ年に、当区内を通過する新宿〜堀之内〜吉祥寺間なども出願している（計画路線図参照）。

【東京外円鉄道本線の計画ルート】
（森ケ崎）〜大森〜洗足〜三軒茶屋高井戸〜妙法寺〜高円寺〜練馬〜下練馬〜志村〜赤羽〜北千住〜寺島〜西平井（洲崎）

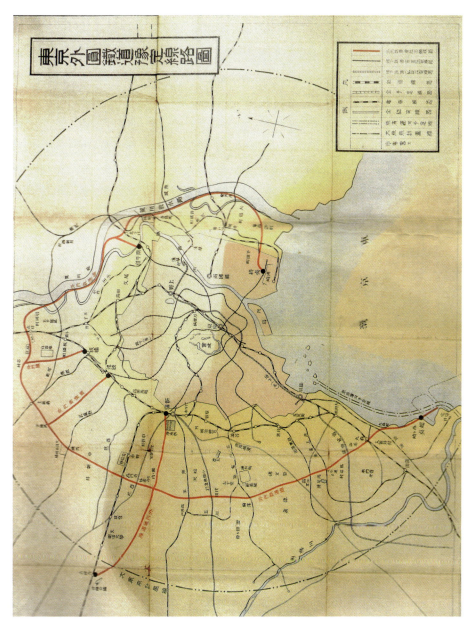

【計画路線図】高円寺を経由する東京外円鉄道の路線図(1925年)
所蔵:杉並区立郷土博物館

未完成路線 4

大東京鉄道線←金町電気鉄道線
（金町～荻窪～鶴見間）

荻窪駅を挟み南北へ延ばす計画線

DATA

事業者：大東京鉄道←金町電気鉄道
◇第1期
区　　間：金町（葛飾区）～井荻町（荻窪）間
距　　離：23.7km
軌　　間：1435mm・1067mm（第3軌条）
出　　願：1927（昭和2）年11月5日
免　　許：1928（昭和3）年2月27日
出願（ルート変更）：1931（昭和6）年8月13日
失　　効：1935（昭和10）年12月29日
◇第2期
区　　間：井荻町（荻窪）～鶴見（神奈川県）間
距　　離：25.4km
軌　　間：1067mm
出　　願：1927（昭和2）年11月5日
免　　許：1928（昭和3）年6月30日
失　　効：1935（昭和10）年12月29日

■ 重い工事費や社長死去などで断念

　大正時代になると「東京電気鉄道」「東京循環鉄道」「東京山手急行」（126頁参照）、「東京外円鉄道」（132頁参照）など、山手線の外側を全半周する環状線計画や、これらの路線からさらに一回り外側を走る縦断する構想が存在する。

　その一つの計画は「金町電気鉄道」で、1928（昭和3）年2月に金町～荻窪間、同年6月に荻窪～鶴見間の免許を取得する。

　全線には20駅を設ける予定で、現杉並区内では荻窪を経由する計画であった【140頁・計画路線図】。出願理由は「将来における大東京市の環状鉄道となるべくものにして、郊外一帯の開発に資する鉄道」（出願書要旨）とした。

鉄道文書❶ 【「大東京鉄道」と改称してのルート変更の出願書】
（荻窪〜金町間起業目論見書記載事項変更認可申請書）

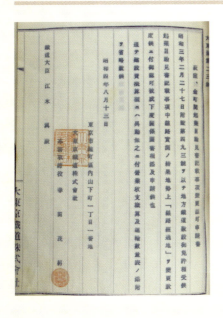

「昭和3年2月27日付け監第493号をもって地方鉄道敷設御免許を受けた企業目論見書記載事項の中で、線路実測の結果、地勢上『線路経過地』を変更したいのでご認可頂きたく、関係書類を相添え申請いたします。

追って建設費の概算には異動ないので、営業収支概算および運輸数量表の添付は省略いたします」（出願日：1929年8月13日／出願者：東京市麹町区内山町1丁目1番地・大東京鉄道株式会社・専務取締役・春日茂躾／被出願者：鉄道大臣：江本翼）＝所蔵：国立公文書館

金町電鉄はさらに「東京大宮電鉄」（巣鴨・大宮間計画）や「北武鉄道」（日暮里〜野田間計画）などを吸収し1929（昭和4）年3月、「大東京鉄道」とビッグな社名に改称する。この時に金町〜荻窪〜鶴見間線は「本線」と位置付けられた。同年8月には若干のルート変更を行う【鉄道文書❶】。同時期を前後して荻窪〜金町間から荻窪〜大宮間への延伸線も出願している【138頁・鉄道文書❷】。

出資者には後の国鉄総裁で「新幹線の父」とも呼ばれる十河信二や地下鉄の父・早川徳次らの名も見える。

現杉並区内には駅を、井荻町、杉並町、高井戸町へ設置するとしている。

137

鉄道文書❷ 【大東京鉄道の別線・井荻(荻窪)〜大宮間の免許状】
(起案書案)

「右申請に係る東京府豊多摩郡井荻町(荻窪)より埼玉県北足立郡大宮町に至る鉄道を敷設し、旅客および貨物の運輸営業を為すことを免許する。地方鉄道法第13条による認可(建設)申請は、昭和5年12月27日までにこれを為すべし」
(免許日：1929年6月28日)＝所蔵：国立公文書館

　荻窪〜鶴見間線は「工事着手届を提出するが、工事を着手した形跡は確認できていない。問題となったのが、他の鉄道線や河川、都市計画道路との交差部分の設計だ。既存鉄道を乗り越えるには、建設費が割高な高架線の敷設が前提となる。川を跨ぐ鉄橋を建設するのも莫大な費用が掛かる。計画中の幹線道路との交差地点も立体交差化を求められる。1931(昭和6)年に武蔵野鉄道(現西武池袋線)・江古田駅との交差部分の設計書を提出するが、鶴見駅や京王線など他13鉄道線との交差部分の工事施行認可は受けていない」(森口誠之「未成線の謎」)とされ工事費は相当の負担となっていたようだ。加えて「建設費割高のみならず、線路の性質上、平均乗車粁(キロ)で短区間であることは免れられない。且つ自動車運輸事業の発展も著しく、今日においては到底成業の見込みはない」(鉄道省起案書)とし、

計画は厳しさを増していく。

　いっぽう同1929（昭和4）年には政権政党・政友会へ資金を渡してしまう汚職事件も巻き込まれ、1934（昭和9）年には計画に中心となっていた社長・春田茂躾が死去する。こうして会社は解散に追い込まれ、翌1935（昭和10）年12月には本線・支線とも失効となり未成線に終わってしまう【鉄道文書❸】。

鉄道文書❸ 【鶴見〜荻窪〜金町間起業廃止申請許可申請書】

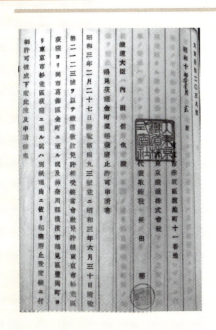

「昭和3年2月27日付け監第493号並びに昭和3年6月20日付け監第2123号を以て鉄道敷設免許を受けました、当会社免許線・東京市杉並区荻窪より同市葛飾区金町に至る間、及び神奈川県横浜市鶴見区豊岡町より東京市杉並区荻窪に至る間は、別紙の理由（138頁）により起業廃位したく御許可いただきますよう申請いたします」

（出願日：1925年11月2日／出願者：東京市赤坂区溜池町11番地・大東京鉄道株式会社・代表取締役・長田薫／被出願者：鉄道大臣・内田信也殿）＝所蔵：国立公文書館

【大東京鉄道の計画ルート】　金町〜竹ノ塚〜川口〜練馬〜井荻町（荻窪）〜経堂〜世田ケ谷〜等々力〜丸子〜鶴見

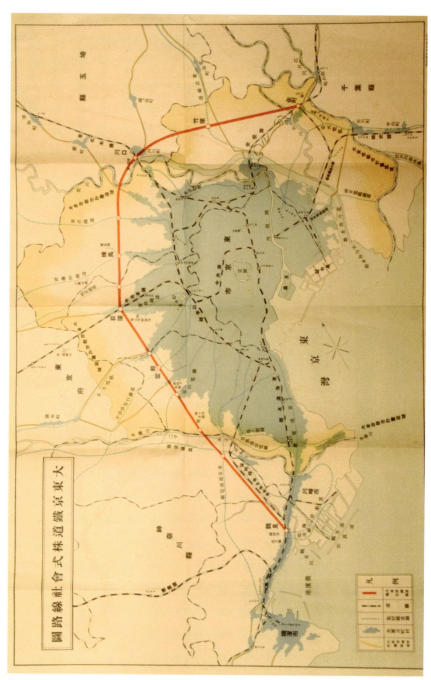

【計画路線図】大東京鉄道路線図 井荻町（荻窪）を境に北は金町、南は神奈川県・鶴見までの長大路線で計画した　所蔵：杉並区立郷土博物館

未完成路線 5

堀之内軌道分岐・延伸線
（鍋屋横丁～妙法寺・中野駅間、荻窪～田無・所沢間）

妙法寺参詣線や荻窪からの延伸線

DATA

事業者：（西武軌道）←堀之内軌道←堀之内自動鉄道←堀之内電気鉄道←
　　　　堀之内軌道

◇**妙法寺分岐線**

区　　間：鍋屋横丁（中野区）～妙法寺間

距　　離：2.1km

軌　　間：1067㎜

出　　願：1896（明治29）年7月7日

取　　下：1897（明治30）年8月7日

◇**中野駅分岐線**

区　　間：鍋屋横丁（中野区）～中野駅間

距　　離：1.4km

軌　　間：1067㎜

出　　願：1896（明治29）年7月7日

取　　下：1897（明治30）年8月7日

◇**荻窪～所沢間延伸線**

区　　間：（新宿）～荻窪～田無（西東京市）～所沢（埼玉県）間

距　　離：17.5km

軌　　間：1067㎜

出　　願：（新宿～所沢間）1897（明治30）年8月7日

特　　許：1897（明治30）年12月8日

取　　下：（田無～所沢間）1900（明治33）年7月14日

◇**荻窪～田無間延伸線**

区　　間：（新宿）～荻窪～田無（西東京市）間

距　　離：8.3km

軌　　間：1067㎜

変更出願（短縮変更）：1900（明治33）年7月14日

失　　効：1925（大正14）年3月23日

■ 線路工事も済んで一部では試運転も

　青梅街道に鉄道を走らせようとした「堀之内軌道」は1896（明治29）年7月、蒸気動力で新宿（新宿区）～荻窪間、鍋屋横丁（中野区）～中野駅、鍋屋横丁～堀之内妙法寺間を出願した（101頁参照）。

　当時の青梅街道は「未舗装で道幅も狭く、この為に堀之内軌道は軌道敷

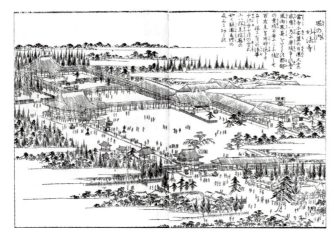

【図絵】「江戸名所図会」に描かれた妙法寺へは「堀之内軌道」による乗り入れの計画があった

設に支障を来す個所の道路の拡幅・急カーブの直線化を図り、これに要する土地の買収及び工事費用は全て自社で賄う事」（中野区立歴史民俗資料館「鉄道に見る中野の歴史=執筆：益井茂夫」）として、敷設は相当の覚悟の上での計画だったようだ。

翌1897（明治30）年8月には電気動力への変更を目的に「堀之内電気鉄道」と改称し、内藤新宿から荻窪を経由し田無・所沢への延長を追加出願した。所沢まで延伸したのは川越鉄道（現西武国分寺線）へ接続するためである。所沢延伸に併せて鍋屋横丁～妙法寺間と鍋屋横丁～中野駅間は取り下げた。

特許は同年12月に下りるものの、資金不足から1900（明治33）年7月、動力を蒸気に替えるため「堀之内自動鉄

【新聞記事】淀橋～荻窪～田無間と杉並村～堀之内妙法寺間の2路線を計画したともある
出典：「朝日新聞」（1904年12月）

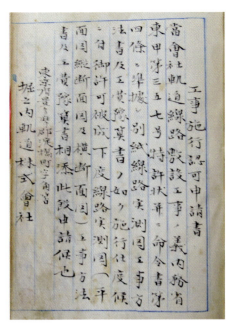

【鉄道文書】荻窪～田無間の工事認可の申請書　所蔵：国立公文書館

道」と改称する。その際に所沢延伸を断念し、新宿～荻窪～田無間のみに縮小した【右頁・鉄道文書】。

　1904（明治37）年12月には電力にもどし「堀之内電気鉄道」へ改称【新聞記事】、1906（明治39）年10月には再度「堀之内軌道」へ戻すなど、社名と動力を二点三転させた。翌1907（明治40）年にようやく新宿（淀橋）～田無間の着工へこぎつける。

　しかし日露戦争の鉄不足で工事中の青梅街道線路や機関車も売却してしまう（「杉並区史」では一部営業したとも）。「武蔵屋の兼太郎も宇田川太一も軌道が（現荻窪警察署）引いてあったのを見ているし、青梅街道が井荻村の区画整理で広げられたとき、まくら木が掘りだされたこともあった」（東京新聞「東京沿線ものがたり」）や「淀橋～田無間の営業許可を得て一部に軽便鉄道で試運転を行ったが、その後20年間投げ出していた」（東京新聞「都電に乗って街のあれこれ」＝1957年連載）というから、部分的とはいえ線路を敷設したようだ。

　だが資金不足は続き、開業に持ち込めないまま時間は過ぎていく。1910（明治43）年には「西武軌道」に社名変更するも、工事は相変わらず進捗せず「内務省・警視庁から工事促進の警告を受ける始末でした」（1997年の中野区立郷土資料館講座等）とされ、1925（大正14）年3月には荻窪～田無間の延伸線も断念する。

　残る淀橋～荻窪間は翌1926（大正15）年9月に西武軌道として開業を迎える（100頁参照）。堀之内軌道が1896（明治29）年に計画してから30年後のことであった。

【計画ルート】　新宿～堀之内付近～荻窪駅付近～田無～所沢間

143

未完成路線6

西武鉄道荻窪乗り入れ線
（田無～荻窪間）

荻窪から路面電車で新宿へ繋ぐ

DATA

起業者：西武鉄道←村山軽便鉄道
区　間：田無（西東京市）～荻窪間
距　離：9.8km
軌　間：1067mm
出　願：1921（大正10）年12月28日
特　許：1923（大正12）年3月23日
失　効：1927（昭和2）年5月2日

前身鉄道・川越鉄道は中央線への延伸をめざす

大正時代から昭和にかけては鉄道ブームが起こり、各鉄道会社は競って新しい鉄道敷設を計画する。西武鉄道（戦前の前身鉄道を含む）でも多くの計画線を出願した。現在では井草経由で高田馬場・新宿方面へ乗り入れている「西武鉄道新宿線」だが、同鉄道の東京市街線へ連絡する歴史をたどると、試行錯誤をしながらの苦悩が伺える。

西武鉄道の前身鉄道「川越鉄道」（現西武国分寺・新宿線）は、関東北部の特産物を東京に輸送する目的をもって1895（明治28）年3月、国分寺駅～川越（埼玉・現本川越）駅間を全通させる。経営は順調に続くが、1914～15（大正3～4年）にかけて、池袋～多面沢（現川越市駅付近）間の「東上

鉄道」（現東武東上線）と池袋～飯能間の「武蔵野鉄道」（現西武池袋線）の両線が、山手線・池袋駅に直結した路線を部分開業したことに焦る。

川越鉄道も東京市街線への乗り入れを目指すが、東上・武蔵野両線と競合（並行）するルートでは免許が下りないと、南下して中央線への乗り入れルートを画策する。そこで「国分寺駅経由では時間の空費なので、1時間内外を短縮できる中野駅に接続する…」（出願書要旨）として中野駅をめざし、1912（明治45）年4月に東村山～小平～田無～井荻～高円寺～中野間19.2kmを軽便鉄道線で出願した。しかし同ルートでも案の定、「中央線・武蔵野鉄道との並行路線だ」として、翌1913（大正2）年5月に却下される。

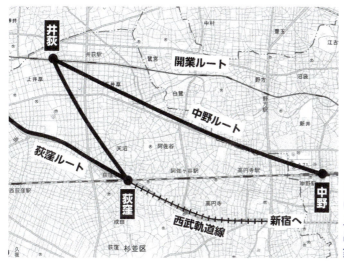

【地図】現西武新宿線は中野・荻窪への乗り入れ計画もあった
出典：「東京、消えた！鉄道計画」

　1915（大正4）年2月には「村山軽便鉄道」が持つ箱根ケ崎〜田無〜吉祥寺間の免許を取得したが、資金的な問題に突き当たる。川越鉄道は「吉祥寺とはいえ東京中心部にはほど遠く」として断念、免許は「武蔵水電」（さらに「帝国電燈」）を経て1922（大正11）年8月、新設「西武鉄道」に吸収合併される。

　西武鉄道は1924（大正13）年4月、村山軽便鉄道が別に所有していた「箱根ケ崎〜田無・荻窪間」の免許も取得する。荻窪へ乗り入れようとしたのは、自社が運行している荻窪〜新宿間の路面（軌道）電車（「新宿線」や「軌道線」と呼び、後に「都電杉並線」となる）に接続し、終点・新宿で山手線と繋げようとしたからである【地図】。敷設を期待した田無町や保谷・石神井村は東京府に対し、「西武軌道延長速達請願書」を提出するほど期待を高くした。

　しかし荻窪駅で路面電車へ直通させるためには、中央線の上を越える高架橋を建設することが免許条件のため工事は容易ではなかった【写真❶】。さらに荻窪〜新宿間の一部単線の路面電車では速度も遅く、40分も

【写真❶】路面電車・西武軌道へ繋ぐのを阻んだ中央線・荻窪駅には踏切があったことを偲ばせる痕跡が残る

掛かるので輸送力は期待できない。しかも荻窪へ乗り入れたところで乗客が中央線に乗り換えられるなど、「ツギハギ路線」で東上・武蔵野鉄道と張り合うのは現実的でなく、時代にそぐわないと実感しルート変更に入る【鉄道文書❶】。

鉄道文書❶　【荻窪乗り入れを断念し高田馬場方面へ変更理由】

「これまで免許・特許をいただいた田無〜荻窪〜新宿ルートでは、荻窪から先が路面電車であり、しかも一部が単線だったのでまったく輸送力が足りず、問題である云々、と。

もっともわが社は国分寺〜新宿間の免許申請も行なっているが、こちらは最近になって予定線の沿線に高千穂高等商業学校（現高千穂大学）、東京天文台、それに多磨墓地などの進出またはその予定が

あり、そもそも名所旧跡も多い。これに加えて新宿付近に砂利を扱うターミナルを建設するのはきわめて難しい。

ところが村山線のルートならそれも容易に設置できるし、しかも建設費は安い。従って選択肢は村山線に縛られる」
(1924年8月15日、西武鉄道から鉄道省監督局長あて文書＝現代文要約引用：今尾恵介「地図と鉄道文書で読む私鉄のあゆみ」)

だが本音としての西武鉄道は、高速鉄道（路面電車でない）で山手線へ乗り入れたい。そこで買収した川越鉄道が持つ免許線の田無〜目白駅（のちに高田馬場駅に変更）間を使い1924（大正13）年4月、田無付近から荻窪を目指して譲受していた免許を「田無〜荻窪間の経由線は課題が多いので、井荻村〜高田町（現高田馬場付近）への敷設に切り替えたい」【右頁・鉄道文書❷】として変更出願をする。

鉄道文書❷ 村山線延長敷設免許出願書
（終点を荻窪から高田町へ訂正）

三

終点ノ訂正

蔵野村（吉祥寺）同鉄道敷設ノ件ハ変更セントスルハ陥ニ村山線ノ無武
更ニ地方鉄道法ニ依リ村山線ノ延長トシテ敷設方認可申請ヲ
可線一部変更大正十三年七月廿七日附百鐡第五〇七號ヲ以テ
予メ御認可相成居候付同用間隔中ノ井荻村井荻
村間鐡道ヲ通路変更セシメントシタル次第ニテ右戸塚附近ニ於テ
村山線ニ敷設スル場合ニハ井荻停留場（之ノ）敷設ヲ
サル方針ニ有之候得共御省相當恐縮ニ候ヘ共事情御詮議ヲ
脇ハリ至急御発六殺成下度特別御詮議ヲ仰キ度

「高田町～井荻村間の鉄道敷設方、認可申請をなしたる真意は、考えてみるに村山線建設完成後に於ける輸送関係上、御省中央線荻窪駅に連絡することは、其価値充分ならずと認められ候に付、井荻村地内より一直線に高田町に延長せんとし出願したるものに有之候。しかして右御許可の上は荻窪に連絡するの必要無之ことと相成、自然廃止仕度き見込に御座候」（1924年4月）＝所蔵：東京都公文書館

それが功を奏したのか、翌1925（大正14）年1月には免許が下り、山手線・高田馬場駅への活路が開かれる。

そして5カ月後の同1924（大正13）年9月、田無～井荻村～高田町間への路線変更の出願で、翌1925（大正14）年1月に免許を取得する。同線は予定ルートに近い中野に駐屯していたという縁もある鉄道連隊（113頁参照）が、わずか3カ月の突貫工事によって1927（昭和2）年4月、「西武鉄道村山線」（現新宿線）として開業した（当初は高田馬場～早稲田間の免許）。開業に合わせて必要性も薄れた田無～荻窪間の免許は、1927（昭和2）年5月に失効してしまう。

開業から4半世紀後の1952（昭和27）年3月、村山線が西武新宿駅まで乗り入れたのを機に現在の「西武新宿線」へ改称している。計画では国鉄・新宿駅への延伸を目論んでいたが、用地買収などが難航して実現できないまで挫折してしまう（64頁参照）。

このように一時とはいえ、もしかしたら現在の西武新宿線は荻窪駅へ乗り入れたかもしれないのだ。

未完成路線 7

西武鉄道無軌条電車（トロリーバス）線
（新宿～荻窪間）

「敷設、即、都へ譲渡」でNO

DATA
- 事業者：西武鉄道
- 区　間：新宿駅西口（新宿区）～荻窪駅北口間
- 距　離：7.45km
- 出　願：1949（昭和24）年6月3日
- 失　効：1951（昭和26）年4月14日

■「完成後に都へ譲渡の契約はまかりならぬ」と却下

【写真】一時都電として走ったトロリーバス（1972年2月）
所蔵：江戸川区郷土資料室

　東京都への運行委託を続けていた新宿～荻窪間の「西武鉄道軌道線」（当時は東京都が受託運行）だが、戦争で車両やレールも被害を受けていた。加えて老朽化や摩耗が激しく復旧費用も膨大にかかると予想されたため、所有する西武鉄道では軌道線での運行継続に不安を感じる。
　西武は東京都に数回にわたり買収案を提示するものの、価格面で折り合いが付かずにいた。そこで1948（昭和23）年7月、軌道線を取り止め「無軌条電車」（トロリーバス）【写真】への転換を都に申し入れる。
　トロリーバスとは「道路上の架線（トロリーワイヤ＝trolley wire）から棹状の装置（トロリーポール）を用いて集電し、動力とするバス」からきて

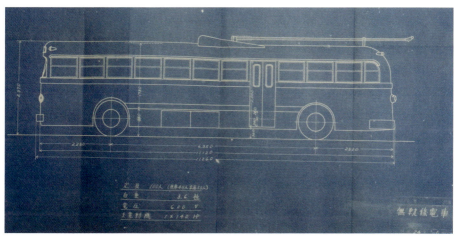

【鉄道文書❶】西武トロリーバスの設計図　所蔵：国立公文書館

いる。外観上ではバスに似ているが、道路上に張られた架線から動力としての電力で走行するので、法令上は「無軌条電車」（レール＝軌条＝のない電車）とされ、れっきとした鉄道である**【鉄道文書❶】**。道路に線路を敷設しなければならない路面電車に比べて、上空に架線を敷くだけで運行できる。そのうえ乗合バスのように高騰のガソリンへ依存しなくて済み、振動も少ないところから「新時代の交通機関」と期待された。

都は西武の申し入れを受け入れ1949（昭和24）年2月、「会社は無軌条電車敷設に要する工事一切をその負担で施行し、施設完成の上は都に譲渡する」の協定書を交わした（「都交通局40年史」）。譲渡契約が成立したの

で西武は同年6月にトロリー敷設を出願する。出願書では「（路面電車では）鍋屋横町（横丁）より西側は単線で多くの乗客を輸送できないため、複線のトロリーバスに切り替え運行したい」**【150頁・鉄道文書❷】**とした。

しかし公聴会を開くなどして検討していた運輸審議会は1950（昭和25）年10月、「西武鉄道の無軌条電車営業申請におけるごとく、特許を得て敷設したのち、自らこれが運営に当たらず直ちに東京都へ譲渡せんとするものに特許を与えることは、交通機関の公共的性格に鑑み妥当でないと考えられる」（「都交通局40年史」）として却下の答申をした。こうして翌1951（昭和26）年4月、郵政・運輸両大臣によって却下される。

149

鉄道文書❷ 【無軌条軌道（トロリーバス）敷設の出願書】

「本特許申請区間の起終点付近を除き、全部は現在当社の軌道運営区間でありまして、該軌道の車両及びレールは永年の戦争のため老朽摩耗甚だしく、これが復旧に多額の費用を要するのみならず該区間は青梅街道の咽喉部に位置する主要道路であるにも拘わらず、鍋屋横丁以西は単線なるため輸送量も少なく困却致して居るので、今回これを無軌条電車に変更致し度いと存じます。

追って従来の軌道は新宿駅東口へ乗り入れ致して居りましたが、之を終戦後該乗り入れを東京鉄道局より禁止せられましたので、今回は旅客の便を計り西口へ乗り入れ致し、荻窪終点も非常に狭隘を感じて居りましたから今回は北口に変更いたしたいと存じます」
（出願日：1949年6月3日／出願者：東京都豊島区雑司ケ谷町7丁目1001番地・西武鉄道㈱・代表取締役・小島正治郎／被出願者：郵政大臣・益谷秀次、運輸大臣・大屋晋三）＝所蔵：国立公文書館

未完成路線 8

京王帝都電鉄三鷹線
（久我山～三鷹～田無間）

中央線北側の西武圏へ進出めざす

DATA

事業者：京王帝都電鉄
◇**第1期線（三鷹線）**
区　　間：久我山駅～三鷹駅（三鷹市）～田無（西東京市）
距　　離：6.2km
軌　　間：1067mm
出　　願：1948（昭和23）年12月20日
取　　下：1949（昭和24）年12月10日
◇**第2期線（東久留米線）**
区　　間：吉祥寺駅（武蔵野市）～田無～東久留米（東久留米市）
距　　離：9.5km
軌　　間：1067mm
出　　願：1949（昭和24）年12月10日
取　　下：1958（昭和33）年12月25日

久我山駅から北進する延伸路線構想

渋谷～吉祥寺間の「現京王井の頭線」を敷設した「帝都電鉄」の前身は、山手線の外側に新たな環状線計画で立ち上げた「東京山手急行電鉄」（126頁参照）である。同電鉄は採算の取れそうな渋谷～吉祥寺間の免許を持つ「渋谷急行電鉄」を吸収合併、「東京郊外鉄道」と改称して、免許線の敷設へ向けて動き出す。

もっとも渋谷急行は1923（大正12）年11月、渋谷から吉祥寺を経て、北側の東村山までの路線を出願している【152頁・路線図】。だが既に「西武鉄道」が、東京郊外鉄道計画線と類似する箱根ケ崎～吉祥寺間の免許（旧村山軽便鉄道所有）を持っており出願は却下される。そこで東京郊外鉄道はやむなく、当初計画の渋谷～吉祥寺間に短縮して敷設することにする。

そんな折、東京市区域の拡大で沿線の豊多摩郡（現渋谷・杉並・中野区）が東京市に編入されることになる。この機会に東京郊外鉄道は、「我が鉄道が走る区域は郡部だったが、東京市に編入されることになった。大都会・帝都の一員になったのだ。もう田舎の鉄道ではない」として、都市を走るイメージの「帝都電鉄」へと改称する。同鉄道は1933（昭和8）年8月に渋谷～井の頭公園間を開業、翌1934（昭

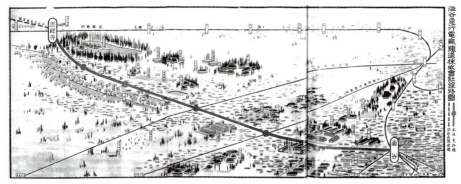

【路線図】「渋谷急行電鉄」(後の帝都電鉄)の目論見路線図。左上には、吉祥寺駅から北側・東村山方面をめざした「延長計画線」の点線でがのぞく

和9)年4月に吉祥寺駅まで乗り入れて全通させた。

全通させた帝都電鉄だが、中央線北側へ延長させる野望を捨ててはいなかった。そこで吉祥寺駅は、地上線の中央線(当時は地上運転。1969年に中野〜三鷹間が複々線で高架化)を立体交差でまたいで、北側と繋げられるように高架駅で建設した【写真❶】。

「吉祥寺駅は終点駅ではなく、途中駅である」との目論みである。だがこの北進構想は、戦時も重なり棚上げにされる。

戦後に帝都電鉄は京王電気軌道と合併し「京王帝都電鉄」(現京王電鉄)と改称するが、経営が厳しい井の頭線のために吉祥寺駅から先への北進路線に再び挑戦する。きっかけは三

【写真❶】中央線を越える目的があったため高い位置に設置した吉祥寺駅
提供：京王電鉄

【写真❷】国鉄スワローズのフランチャイズ球場として開場した東京スタジアムも1年間で閉場してしまう　所蔵：武蔵野市

鷹駅北側の旧中島飛行機武蔵製作所の跡地に、日本一の広さを誇る「東京スタジアム・グリーンパーク球場」【写真❷】という、大型野球場ができる計画があったからである。当時は野球人気が高まり、1950（昭和25）年に2リーグ制へと移行し、国鉄スワローズが新たに加入すると球場の数が間に合わなくなるための新設であった。

そこで京王帝都は1948（昭和23）年12月、吉祥寺駅の3駅手前の久我山駅【写真❸】から分岐して三鷹駅を経由し、スタジアムを経て、西武村山線（現新宿線）・田無駅まで延伸させる「京王三鷹線」を出願した。

同ルートにしたのは、吉祥寺駅から北側は既に商店街が広がっており、新たに線路を敷くのは難しいとの判断もあった。終点の田無は、西武村山線（現新宿線）で川越方面から球場

への乗客誘致の目論見があった。鉄道省でも「西武鉄道、関東バス、西武鉄道バスに多少の影響があるものの、成業の見込みあり」（鉄道省起案書＝【154頁・鉄道文書❶】）として免許交付の方向で動く。

だが京王構想の諮問を受けた運輸審議会では京王と西武との競合路線に議論が噴出し、「両鉄道とも同じようなルートで、『競願線』と認められ

【写真❸】地下通路もまだない頃の久我山駅。三鷹駅方面への起点駅になっていたかも（1960年）　撮影：北川仁

る」として答申を保留してしまう。しびれを切らした京王は1949（昭和24）年12月、「渋谷方面から中央線に向かう乗客が、わざわざ久我山駅で乗り換えるとは考えにくい。このルートで敷けば、久我山〜吉祥寺間が死滅してしまう。

やはり井の頭線終点・吉祥寺駅から延伸させて、吉祥寺北口商店街や成蹊大学を経て、スタジアム経由で西武村山線・田無駅に接続、さらに北上して西武武蔵野線（現池袋線）・東久留米駅まで」（出願書趣旨）とする「田無線」へ修正出願をした。東久留米駅には旧中島飛行機の引込線（「西武鉄道東村山駅引込線」＝現廃線）が残っており、京王はその路線を買収しての延伸を目論む。また吉祥寺駅から井の頭線を経由して、渋谷方面へ乗客を呼び込び込む期待もあった。

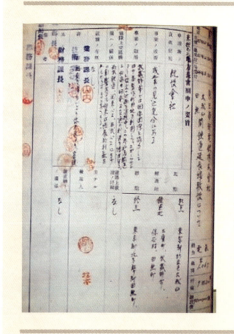

鉄道文書❶

【京王帝都電鉄株式会社、久我山〜田無間鉄道延長線敷設について】
（現井の頭線・久我山〜田無間延長線の鉄道省内の起案文書）

「（久我山〜三鷹〜田無間は）成業の見込み十分にある。武蔵野市では関係団体と協力して旧中島製作所跡地を利用してスポーツセンターの設置を連携中。この参加者輸送と沿線の開発および交通の利便を増進する。西武鉄道・関東バス・西武バスに多少の影響あるも、将来は培養的利益をもたらすものと考える」（運輸省起案書）＝所蔵：国立公文書館

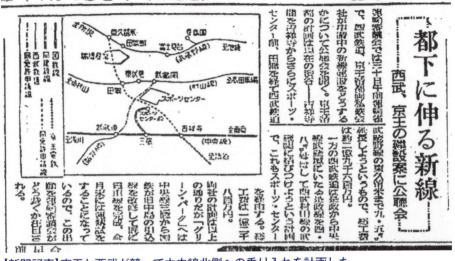

都下に伸る新線
西武、京王の継設案に公聴会

【新聞記事】京王と西武が競って中央線北側への乗り入れを計画した

だが田無駅が走る新宿線や東久留米駅の池袋線など、中央線北側一帯に商圏を持つ西武鉄道は京王の進出は見過ごせないとして、武蔵関〜武蔵境間と田無〜関前橋間を出願する。結果的には両社の計画線は同じようなルートの競願線となってしまう【新聞記事】。

いっぽう吉祥寺駅から北上する京王の計画に対しては案の定、吉祥寺

【写真❹】「未成・三鷹線」と同じ久我山駅〜三鷹駅間を走る現在の京王バス（久我山駅で）

駅前の商店街からは反対が噴出する。「閑静な住宅を破壊し、繁華街を両断する。井の頭線が北進すると吉祥寺駅は終点ではなくなり通過駅となってしまう。すると商店街のお客さんが減るのは目に見えている。地盤沈下だ」(「武蔵野市百年史」)。

この審議会の動きや商店街の反対で京王は1958(昭和33)年12月、「一足先に国鉄が三鷹駅からスポーツセンターに乗り入れる路線工事(後の「武蔵野競技場線」)を始めたため計画を変更する。申請当時とは著しく状況が変わった」(「京王帝都電鉄30年史」)として出願を取り下げる【鉄道文書❷】。

鉄道文書❷ 【吉祥寺駅〜東久留米駅間地方鉄道敷設免許取下げ願】
(京王帝都電鉄が吉祥寺駅〜東久留米駅間延長線の断念出願書)

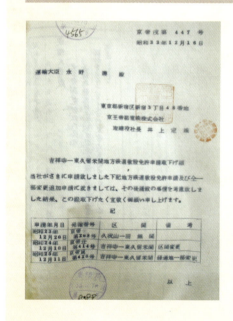

「当社が先に申請致しました下記の地方鉄道敷設免許申請および同一部変更追加申請に就きまして、その後に諸般の事情を考慮を致しました結果、この際取下げたく宜しくお願い申し上げます。下記①久我山〜田無間②吉祥寺〜東久留米間(区間変更)③吉祥寺〜東久留米間(経過地一部変更)」
(出願日：1958年12月16日／出願者：東京都新宿区新宿3丁目43番地・京王帝都電鉄株式会社取締役社長・井上定雄／被出願者：運輸大臣・永野護)＝所蔵：国立公文書館

期待の野球場は不評で計画もしぼむ

東京スタジアム球場（武蔵野競技場）は1951（昭和26）年5月にオープンするが、1カ月前の同年4月には、球場前〜三鷹間の国鉄・武蔵野競技場線も開業して野球ファンの送迎に備えた。しかし開場した球場は砂ぼこりなどグランドコンディションが悪く、都心から遠かったこともあり1年間だけで閉場状態に陥る。

「さすがの京王も西武も、この結果は予想できなかったろう。結果的に申請許可が下りなかったことが功を奏したともいえる」（岡島建「京王線・井の頭線沿線の不思議と謎」）のように、不幸中の幸いとなった。こうして京王の久我山分岐線【155頁・写真❹】の、中央線北側・田無への延伸・三鷹線は未成線に終わってしまうのである。

「鉄道サークル」へのお誘い

❶20年前から鉄道趣味を楽しんでいるサークルです。現会員30名 ❷会場：阿佐ケ谷地域区民センター ❸日時：毎月第1土曜日の午後1時〜 ❹会費：年間2000円 ❺内容：発表、クイズ、DVD鑑賞、ローカル線等乗車（最近は、鉄道150年記念・新橋〜横浜間、新開業・宇都宮LRTなど）

■申し込み・問い合わせは、「氏名・住所・電話番号・メールアドレス等」を記入し、「nkmr0331@outlook.jp」（中村）へ。

未完成路線 9

京王帝都電鉄地下鉄線
（新宿〜大宮公園前〜富士見ヶ丘間）

井の頭線へ繋げる部分地下鉄線

DATA
- 事業者：京王帝都電鉄
- 区　間：新宿（新宿区）〜大宮公園前〜富士見ヶ丘
- 距　離：8.5km
- 軌　間：1067㎜
- 出　願：1954（昭和29）年8月10日
- 取　下：1957（昭和32）年6月

■ 丸ノ内線建設前の地下鉄線構想

　中野坂上駅と方南町駅を結ぶ現丸ノ内線支線（「方南町支線」とも）は行き止まりの、俗に言う「盲腸線」である。一見してわかるのだが、環状7号線を越えた方南町の延長線上には井の頭線や京王線がある。線路を延長させて井の頭線等に繋げていれば、地元としてもずいぶん便利である。

　実は中野坂上駅から分岐して方南町駅に至る路線にもう1本、ほぼ同じルートを走る地下鉄の路線計画があった【新聞記事】。当時の「京王帝都電鉄」（現京王電鉄）が計画し、新宿駅を起点に、車庫を持つ井の頭線・富士見ヶ丘駅【右頁・写真❶】に

【新聞記事】京王帝都の新宿〜富士見ヶ丘間地下鉄構想を伝える地元紙の「杉並新聞」（1955年12月25日）

乗り入れるという路線だ。総延長は8.5km程度で、起点方面の5分の2が地下鉄となり、井の頭線方面では地上線で敷設するという目論見である。「中央線、井の頭線にも遠く、バスを利用しないと都心に出られない中野・杉並区の南部に住む人々を直接に新宿へ輸送しよう」が敷設目的で、1954（昭和29）年8月に出願した。軌間は井の頭線と同じ1067mmである。

ルートは「新宿〜中野富士見町〜堀ノ内2丁目〜大宮公園前〜成宗〜上高井戸〜井の頭線・富士見ヶ丘間」で、新宿から地下鉄を走らせ、中野富士見町で地上に出て、堀ノ内・大宮公園前・成宗・上高井戸から富士見ヶ丘駅までの8.5kmの路線である。現丸ノ内線の新宿〜中野坂上〜方南町ルートと酷似した路線といえる。

当時から杉並も中野も人口が急増しており、京王帝都としては採算には十分な自信を持っての出願であった。だが地下鉄建設計画を審議していた「都市交通審議会」は、「地下鉄の建設を営団地下鉄と東京都だけに割当て、私鉄には相互乗り入れのみを認める」の方針を打ち出す。そこで私鉄である京王帝都には地下鉄の配分が行われず、新宿からの杉並への乗り入れは立ち消えになってしまうのだ。

【写真❶】終点になっていたかもしれない富士見ヶ丘駅（1960年2月）
出典：「富士見ヶ丘の写真集」（撮影：北川仁）

未完成路線 10

弾丸列車
（東京〜下関〜北京間）

起点駅案に 高円寺・高井戸・荻窪も

DATA

事業者：鉄道省
区　　間：東京〜下関〜北京間
距　　離：(東京〜下関間)1096km
軌　　間：1435mm
構　　想(帝国議会)：1940(昭和15)年3月
断　　念：1944(昭和19)年6月

■ 東京〜下関間を9時間で走る超特急計画

日清・日露戦争、第1次世界大戦などで勝利に沸く日本は、東海道線列車よりもさらに高速の鉄道を敷設しようと目論む。そこで政府（鉄道省）は1938（昭和13）年12月、日本を縦断する高速列車、いわゆる「弾丸列車」【写真❶】を建設するための調査研究に入る。

東京〜下関間を9時間、東京〜大阪間4時間30分で走り抜ける目論見の蒸気鉄道だ。1954（昭和29）年までに建設することが、1940（昭和15）年3月の帝国議会で「広軌幹線鉄道計画」として承認され

【写真❶】当時としては珍しい流線型の弾丸鉄道。技術・インフラなどは東海道新幹線に引き継がれた　出典：「週刊朝日」

た【右頁・新聞記事】。

最速列車「つばめ」（1067mmの狭軌）が平均時速70kmの時代に、1435mmの標準軌で敷設し、平均150（最速200）kmで走り抜ける高速列車を目指した。最終的なルートは「東京から下関まで開業した後、福岡を過ぎて海底トンネルで占領地である朝鮮半島に乗り入れ、釜山（韓国）から平壌（北朝鮮）へと進み、終点・北京（中国）に49時間をかけて到着させる」と計画は膨らむ。

この間に用地は東京〜大阪間で95km²、大阪〜下関間で64km²を確保した。工事も1941（昭和16）年7月に京都・東山トンネルから着手して本格化する。静岡県・新丹那トンネルでは、全長8000mのうち4分の1ほどが掘削される。

しかし戦況は悪化し、建設資金の捻出が難しくなり、1943（昭和18）年度をもって計画を断念してしまう。弾丸列

【新聞記事】広軌で敷設する弾丸列車の計画を報じる新聞
出典：朝日新聞（1938年12月28日）

工事にちなみ命名されたものである【写真❷】。

ちなみに官僚や世論の激しい反対を押し切って、世界に誇る東海道新幹線を開業に導いた国鉄総裁・十河信二は、西永福駅近くの理性寺（永福3-56-29）に眠っている【トピックス】。

車は当時「新幹線」とも呼ばれ、この時に収用した用地の2割ほどが、1964（昭和39）年10月に開業する「東海道新幹線」に転用されている。

トンネル工事が行われた静岡県函南町には「新幹線」という地名（行政地名は、田方郡函南町）があるが、弾丸列

【写真❷】静岡県函南町には「新幹線」の痕跡が残る（2016年）

トピックス　西永福に眠る「新幹線の父・十河信二」

戦後の国鉄は三鷹や下山事件が続き総裁の引き受け手がなかった。そんな危機にあって、当時71歳の十河信二【162頁・写真❸】は担ぎ出される。

十河は輸送力が停滞していた東海道線に、広軌・新幹線の敷設を決意する。だが国鉄幹部は「在来線の複々線化で間に合う」と反対し、政治家は「地方の鉄道を充実すべきだ」と後に引かない。世論も「帝国陸軍の戦艦大和と同じで無用の長物」と笑う。

だが十河は技術者の「東京〜大阪間3時間は可能」に自信を得て、猛反対を押し切って新幹線建設を

【写真❸】
十河信二

進める。

予案確保のため建設大臣宅へ夜討ち朝かけで押しかけ、首を縦に振らせた。不足分は世界銀行へ融資を頼み込み確保に漕ぎつける。だが「まだ650億円も不足」と新聞が報じ、「十河は国民を欺いていた」の世論に押され辞任に追い込まれる。

新幹線は東京オリンピック開会の10日前に開業を迎える。だが開業式にも招かれず、十河は自宅でテレビを見ながら1番電車のテープカットを見守った。

しかし世界に誇る新幹線を日本にもたらしたのは十河に他ならないとして、「新幹線の父」と敬称されるようになる。

その十河の墓は西永福・理性寺にある【写真❹】。「たまに鉄道ファンが訪ねてます。奥様の実家が近いので当寺と縁があり、お二人のお墓があるのです」(寺の話)と話してくれた。

【写真❹】理性寺にある十河の墓

■ 軍部が推した高円寺起点駅案

ところで東京側の始発駅の設置場所では、様々な候補地が挙げられた。「東京駅、四谷見附付近、それに高円寺駅付近【右頁・トピックス】の3カ所であった」(青木槐三「人物国鉄百年」)他にも「昭和17(1942)年頃には、市ケ谷、新宿、高井戸、東京の4案に絞られ、それ以前には目黒案、中野案なども候補であった」(地田信也「弾丸列車計画」)や「新宿か五反田か四谷方面になるか、まだ決まっていない。新宿、渋谷、目黒等が問題となっているが、目下は渋谷がもっとも有力」(前間孝則「弾丸鉄道」)など、起点駅候補は各地に広がった。

しかし結局「始発駅として東京・市ケ谷・新宿・荻窪の四案が比較検討された。すなわち旅客輸送上の利便、首

都交通政策上、また当時の都市計画としても防空上の配慮が種々議論され、市ケ谷案がもっとも有利とされていた。これは便利さでは東京に次ぐが、建設工事費は荻窪に次いで安価であり、都市計画上も有利とされたためである」（「日本国有鉄道百年史」）とされ、東京の起点駅は市ケ谷に決まりかけていたようだ。

工法としては「既存の市ケ谷駅に沿ってある、江戸城の外堀は埋め立てて駅を新設する。そこから、神奈川県の県境となる多摩川までは地下を潜って走らせれば、防空上は問題ないとされ、駅の設計図が描かれた」（前間著書）とされ、外堀を埋めて駅を設置しようとした動きもある。だが影響が大きいだけに政府では、起点駅は最後まで公表されずに未成線となった。結局1944（昭和19）年6月、政府は戦争のために建設を断念する。

トピックス　戦前に新幹線ができていれば、高円寺が始発駅だったかも

「東海道新幹線構想」は戦前にもあった。「名称は『弾丸鉄道』といい、昭和17（1942）年11月6日になって、建設のための調査会の答申案が鉄道大臣に提出された。答申案の中身は、東京〜大阪間を約四時間半、さらに下関まで延長させ、この間を9時間の超スピードで運転する計画というものであった。

駅の設置場所は、政治家の利益誘導や不動産業者の地価の吊り上げなどの心配もあり、極秘にされていた。だが計画では、東京・横浜・熱海・沼津・豊橋・名古屋・大垣か岐阜・京都・大阪・神戸・姫路・岡山・広島・小郡・下関などが上げられていた。

ところで、実際の工事の施工を計画するに当たって、いちばん問題になったのは東京の始発駅をどこに置くかであった。とにかく弾丸列車の始発駅は、東京の中心が動くかもしれないほどの重要なことである。

その始発駅の候補地に、高円寺・堀ノ内付近（高井戸も）が上げられていたのだ。高円寺の他には、東京駅と四谷見附付近が候補になっていた。国鉄では、東海道線に平行し

163

て便利な東京駅から敷設することですでに調査に入っていた。四谷は、東京の中心が西側に移りつつあったので、適当というのである。

一方、興味深い『高円寺』候補地は軍部が推していた。当時、軍事上の理由といえば多くの事業がそのとおりに実行される側面も持っていた。『空襲を考慮すると、山手線に内側に設置することはできない。山手線の外側に設けろ。いろいろ交通上の将来などから計算すると、杉並区堀ノ内がその理想の場所だ』」
（青木槐三「人物国鉄百人」要旨）。

未完成路線 11

エイトライナー
（赤羽～荻窪～田園調布間）

別計画線と繋ぐ区部外周の地下鉄線

DATA
事業者：杉並区・世田谷区・大田区・練馬区・板橋区・北区
区　間：赤羽（北区）～荻窪～田園調布（大田区）
距　離：30.9km
構想発表：1993（平成5）年10月
現　状：推進中

■ 赤羽駅を境に乗り継ぐ2つの半環状線構想

現在では都心から放射線に伸びる鉄道はあるものの、周辺区を縦断して結ぶ鉄道路線がないため移動に不便な状態にある。そこで都心から約10km圏の周辺区を地下鉄の環状線で結ぼうとする、2路線の地下鉄計画が存在する【路線図❶】。

一つは杉並区も参加する路線で、赤羽から西武池袋・新宿線などを越えて中央線・荻窪駅に出て、京王井の頭・京王線などを経て、東急田園都市線・二子玉川駅から東急東横線・田園調布駅に至る路線【右頁・路線図❷】で

【路線図❶】赤羽を中間とするエイトライナー（緑線）とメトロセブンのルート（青線）　出典「エイトライナー資料」

【路線図❷】赤羽駅～荻窪駅～田園調布駅
～羽田空港間の「エイトライナー」
出典：「促進協議会パンフレット」

ある。環状8号線に沿って走るところから1993（平成5）年10月、「エイトライナー」（構想）と名づけられた。JR山手線と南武線・武蔵野線の中間には環状鉄道がなく、不便解消からの構想で、発起しているのは環状8号線沿線の杉並区の他に大田・世田谷など6区である。「放射線状に延びる路線が多い区部の鉄道網による区民の移動の改善を図ることと、環状7・8号線の渋滞を解消することが狙い」（エイトライナー促進協議会）とする。

同ライナーは、杉並区では西武新宿線・井荻駅と中央線・荻窪駅【写真❶】、井の頭線・高井戸駅、京王線・八幡山駅付近に停車する構想になっている。

もう一つの路線は、JR京葉線・葛西臨海公園駅を起点に、地下鉄東西線・葛西駅からJR総武線・亀戸駅を通過し、東武鉄道・西新井駅などを経てJR東北線・赤羽駅に至るルートで、環状7号線沿いを走るところから「メトロセブン」（環七シャトルバス・環七高速鉄道）と呼ぶ。1994（平成6）年11月に「環七高速鉄道（メトロセブン）促進協議会」を立ち上げ検討に入っている。

目的は「区内の南北（環状）交通の利便性向上をめざし、環状7号線に沿って、関係3区を地下鉄や地上系システム等で結ぶ環状高速鉄道構想です」（メトロセブン促進協議会）とし、南北交通の改善をめざす。発起しているのは、東京区部の東部に位置する江戸川区、葛飾区、足立区である。

両線は中央部・赤羽駅【166頁・写真❷】で接続させ、一体的な環状運転を念頭に検討している。実質的には同一路線の鉄道だ。エイトライナー

【写真❶】エイトライナーは荻窪で停車する構想にもなっているようだ（環状8号線・荻窪付近で）

【写真❷】メトロセブンとエイトライナーの連絡駅となる赤羽駅

終点駅・田園調布駅【写真❸】から羽田空港までの延長を視野に入れている計画だが、国では「田園調布駅〜羽田間は、未成の『蒲蒲線』に繋がる東急多摩川線の活用を求めている」（2000年1月の交通政策審議会答申）。

とはいえエイトライナー構想は2016（平成28）年4月の同審議会では「事業性に課題があるため、関係自治体において、事業計画について十分な検討が行われることを期待するとしたうえで、高額な事業費が課題となることが考えられることから、需要等も見極めつつ中量軌道等の導入や整備効果の高い区間の優先整備などの整備方策について、検討が行われることを期待する」として、冷静な事業検討を求めている。

「建設されれば、ますます便利になると思うが、今後、計画の進展はあるだろうか」（洋泉社「2020年日本の鉄道」）や「事業費は1兆円前後と試算されたが、都議会でまともな議論すらされていない」（森口誠之「未成線の謎」）というように難題も多く、かなりのハードルを越えなければ開業には至らない路線のようだ。

【写真❸】エイトライナーの起終点駅となる田園調布駅。同駅〜羽田空港の延長は蒲蒲線の動向に期待が高まる

【計画ルート】（現交差駅・路線）

◆エイトライナー＝赤羽（JR東北線）〜志村三丁目（都営三田線）〜上板橋（東武東上線）〜東武練馬（東武東上線）〜平和台（メトロ有楽町線）〜練馬春日町（都営大江戸線）〜練馬高野台（西武池袋線）〜井荻（西武新宿線）〜荻窪（JR中央線）〜高井戸（京王井の頭線）〜八幡山（京王線）〜千歳船橋（小田急線）〜二子玉川（東急田園都市線）〜上野毛（東急大井町線）〜田園調布（東急東横線）

杉並の鉄道

第5章
資料編

現行路線・廃止路線・未完成路線一覧

杉並鉄道年表

甲武鉄道歴史地図
甲武鉄道開業広告
戦前杉並周辺鉄道路線図

主な参考文献等

現行・廃止・未完成路線一覧

■ 現役路線（杉並への乗り入れ日）

路線名	旧路線名	区間	区内通過・到達日
JR 東日本・中央線	甲武鉄道・新八線	東京～（荻窪）～立川間	1889(M22)/04/11
西武鉄道・新宿線	西武鉄道・村山線	東村山～井荻等～高田馬場間	1927(S02)/04/16
京王電鉄・京王線	京王電気軌道線	笹塚～（八幡山）～調布間	1913(T02)/04/15
京王電鉄・井の頭線	帝都電鉄・帝都線	渋谷～永福町等～井の頭公園間	1933(S08)/08/01
東京メトロ・丸ノ内線	営団地下鉄・荻窪線	新宿～新高円寺・南阿佐ケ谷間	1961(S36)/11/01

■ 廃止路線

路線名	旧路線名	区間	区内通過・到達	廃止日
東京都電・杉並線	西武軌道線	新宿～高円寺 1 丁目～荻窪間	1922(T10)/08/26	1963(S38)/11/30
陸軍鉄道隊訓練線		中野～馬橋～阿佐ヶ谷～天沼間	1897(M30)/06/20	1907(M40)/11/ 頃

■ 未完成路線（現杉並区を経由することが必然と思われる路線を含む）

【明治時代】

路線名	区間	出願日等	失効・路線変更・譲渡等
川越鉄道	東村山～井荻～高円寺～中野間	1912(M45)/04/08	1913(T02)/05/ 頃 (却下)
甲武馬車鉄道	新宿～和田堀～立川～羽村間	1884(M17)/04/22	1885(M18)/05/25(路線変更)
甲武馬車鉄道	新宿～和田堀～立川～八王子間	1885(M18)/05/25	1886(M19)/12/14(失効)
小金井電鉄	高田馬場～荻窪～田無間	1896(M29)/--/--	?
渋谷急行電鉄	松原～高円寺間	1901(M43)/05/--	1908(M41)/06/--(却下)
東京鉄道	仲ノ町～荻窪間	1896(M29)/07/25	1898(M31)/06/10(却下)
武甲鉄道	新宿～和田掘内～立川～青梅間	1886(M19)/12/16	1887(M20)/06/09(却下)
武州鉄道	荻窪～飯能間	1894(M27)/--/--	1898(M31)/--/--(却下)
堀之内軌道	鍋屋横丁～堀ノ内妙法寺間	1896(M29)/07/07	1897(M30)/08/07(取下)
堀之内軌道	鍋屋横丁～中野駅	1896(M29)/07/07	1897(M30)/08/07(取下)
堀之内電気鉄道	（新宿～荻窪）～田無～所沢間	1897(M30)/08/07	1900(M33)/07(路線短縮)

路線名	区間	出願日等	免許・特許・却下・失効等
堀之内電気鉄道	（新宿～荻窪）～田無間	1900(M33)/7/14	1925(T14)/03/23(失効)
武蔵興業鉄道	荻窪～田無～飯能間	1896(M29)/09/21	1897(M30)/06/09(却下)
武蔵電気鉄道	新宿～高井戸～八王子間	1906(M39)/08/18	1907(M40)/06/25(特許)

【大正時代】

路線名	区間	出願日等	免許・特許・却下・失効等
小田原急行鉄道	高田馬場～和田堀～狛江間	1926(T15)/--/--	--(却下)
小金井電気鉄道	上戸塚～井荻～田無間	?	1915(T04)/03/25(特許)
西武急行鉄道	戸塚～井荻～立川間	1925(T14)/04/--	?
西武鉄道（旧）	荻窪～上井草間	1917(T06)/08/11	1918(T07)/01/01(特許)
西武鉄道（旧）	中野～井荻～東村山間	1919(T08)/02/03	1924(T13)/08/31(失効)
西武鉄道（旧）	角筈～久我山～立川間	1919(T08)/02/03	1924(T13)/08/31(失効)
西武鉄道（旧）	淀橋～高井戸～浅間山間	1918(T07)/05/--	1924(T13)/09/--(失効)
西武鉄道（旧）	田無～荻窪間	1921(T10)/12/28	1927(S02)/05/02(失効)
西武鉄道（旧）	淀橋～荻窪～国分寺間	1919(T08)/01/08	1920(T09)/03/17(失効)
西武鉄道（旧）	高田町～井荻～箱根ケ崎間	1918(T07)/12/17	1924(T13)/08/08(却下)
村山軽便鉄道	吉祥寺～井荻村（上井草）間	1920(T09)/02/08	1924/(西武鉄道へ譲渡)
村山軽便鉄道	箱根ケ崎～井荻～荻窪間	1921(T10)/12/28	1924/(西武鉄道へ譲渡)
高尾山電気軌道	砂川村～井荻～高田町間	1919(T08)/02/03	1924(T13)/08/31(失効)
立新電気鉄道	新宿～高井戸～立川間	1926(T15)/09/27	1927(S02)/06/02(却下)
多摩川急行鉄道	世田ケ谷～高井戸～武蔵野村間	1926(T15)/01/17	1926(T15)/06/09(却下)
東京電気鉄道	大井町～杉並町～西平井間	1920(T09)/12/05	東京山手急行へ引継ぎ
東京山手急行電鉄	大井町～杉並村～西平井間	1926(T15)/09/--	1929(S04)/05/--(路線変更)
東京鉄道	戸塚～中野～和田堀之内村間	1922(T11)/01/31	1920(S09)/07/--（引継)
東京外円鉄道	大森～高円寺～西平井間	1925(T14)/12/26	1927(S02)/04/--(却下)
東京外円鉄道	新宿～堀ノ内～吉祥寺間	1925(T14)/12/16	133頁・外円鉄道図に表示
東京郊外電鉄	渋谷～杉並村～巣鴨間	1922(T11)/10/20	1923(T12)/12/27(免許後？)

東京郊外電鉄	角筈〜杉並村〜戸塚間（南北線）	1922(T11)/12/18	1923(T12)/12/03(却下)
東京郊外電鉄	角筈〜高井戸〜下戸塚間（東西線）	1922(T11)/12/18	1923(T12)/12/03(却下)
東京郊外電鉄	渋谷〜高井戸〜東村山間	1923(T12)/11/16	1923(T12)/12/03(却下)
東京高速電鉄	淀橋〜和田堀〜高井戸間	1926(T15)/07/05	1928(S03)/05/10(却下)
東京高速電鉄	戸塚〜落合〜井荻間	1926(T15)/12/15	1928(S03)/05/10(却下)
東京高速電鉄	目黒〜杉並〜巣鴨間	1926(T15)/12/15	1928(S03)/05/10(却下)
堀之内電気鉄道	中野〜杉並〜和田堀内〜世田谷間	1925(T14)/11/13	1929(S04)/10/26(却下)
堀之内電気鉄道	中野町〜和田堀〜世田ケ谷町間	1937(T12)/11/13	?
武蔵水電	吉祥寺〜井荻〜新宿間	1921(T10)/05/03	1921(T10)/05/24(取下)
武蔵鉄道	新宿〜高井戸〜吉祥寺間	1926(T15)/10/15	1926(S02)/06/15(却下)
武蔵野鉄道	野方〜井荻〜吉祥寺間	?	1930(S05)/05/08(失効)
武蔵野電気鉄道	下戸塚〜井荻〜川越	1926(T15)/--/--	?
村山軽便鉄道	箱根ケ崎〜田無〜荻窪間	1913(T02)/12/28	1924 年に高田馬場へ変更
鉄道省構想	①環状 2 号線…丸子多摩川〜荻窪〜上板橋〜洲崎間 ②放射 2 号線…渋谷〜高井戸〜吉祥寺間 (1928 年城西電鉄出願) ③放射 3 号線…新宿〜方南〜打越〜多摩原間	1926(T15)/10/--	①③未成、② 1928 年に城西電鉄が出願（1933 年に京王電鉄が敷設）

【昭和・平成時代】

路線名	区間	出願日等	免許・特許・却下・失効等
金町電気鉄道	金町〜荻窪間（後の大東京鉄道）	1927(S02)/11/05	大東京鉄道に引継ぎ失効
金町電気鉄道	荻窪〜鶴見間（後の大東京鉄道）	1927(S02)/11/05	大東京鉄道に引継ぎ失効
渋谷急行電鉄	松原（現明大前）〜高円寺間	1928(S03)/05/--	1930(S05)/07/--(却下)
西武鉄道（旧）	角筈〜井荻〜国立間	1929(S04)/--/--	新宿〜立川間線変更
西武鉄道（旧）	淀橋町〜久我山〜立川間	1927(S02)/04/19	1941(S16)/05/14(失効)
大東京鉄道	金町〜井荻（荻窪）間	1927(S02)/11/05	1935(S10)/12/29(失効)
大東京鉄道	金町〜大宮間（荻窪金町間延伸線）	1929(S04)/(免許)	1935(S10)/08/03(失効)

大東京鉄道	荻窪〜等々力〜鶴見間	1927(S02)/11/05	1935(S10)/12/29(失効)
鉄道省・弾丸列車	東京〜下関〜北京間	1940(S15)/03/--	1944(S19)/06/--(断念)
中央急行電鉄	荻窪〜井荻〜大宮間	1929(S04)/05/--	1930(S05)/11/12(却下)
中央急行電鉄	荻窪〜新宿〜川越間	1929(S04)/05/--	1930(S05)/11/12(却下)
中央急行電鉄	荻窪〜世田谷〜横浜間	1929(S04)/05/--	1930(S05)/11/12(却下)
中央急行電鉄	荻窪〜中野〜淀橋間	1929(S04)/05/--	1930(S05)/11/12(却下)
東京川越電鉄	高田馬場〜井荻〜所沢間	1928(S03)/--/--	?
東京山手急行	大井町〜杉並〜西平井間	1929(S04)/05/--	1936(S11)/01/23(路線短縮)
東京山手急行	大井町〜杉並〜駒込間	1936(S11)/01/23	1940(S15)/04/27(失効)
東京山手急行	渋谷〜高井戸〜東村山間	1927(S02)/01/08	1927(S02)/04/19(却下)
日本飛行鉄道	淀橋〜高井戸〜平塚間	1929(S04)/03/27	1929(S04)/06/29(却下)
京王帝都電鉄	久我山〜三鷹〜田無間	1948(S23)/12/20	1958(S33)/12/10(取下)
京王帝都電鉄	吉祥寺〜田無〜東久留米間	1949(S24)/12/10	1958(S33)/12/25(取下)
京王帝都電鉄	新宿〜富士見ヶ丘間(部分地下鉄)	1954(S29)/08/10	1957(S32)/06/--(取下)
京王帝都電鉄	富士見ヶ丘〜三鷹〜西国立間	1955(S30)/12/27	1957(S32)/10/--(取下)
西武鉄道	新宿〜久我山〜府中〜立川間	1927(S02)/(免許)	1941(S16)/05/14(失効)
西武鉄道	杉並車庫〜多磨墓地間	1950(S25)/09/15	1958(S33)/10/16(取下)
西武鉄道	新宿〜馬橋〜荻窪北口間	1950(S25)/11/01	1951(S26)/02/14(却下)
西武鉄道無軌条線	新宿〜荻窪北口間	1949(S24)/06/03	1951(S26)/04/14(却下)
営団地下鉄	芦花公園〜西永福〜麻布間	1962(S37)/--/--	京王線と相互直通
エイトライナー	赤羽〜荻窪〜出園調布間	1994(H06)/11/--	交通審査中を受け推進中

※「井荻」は荻窪駅を含む。※未完成路線の主な引用資料＝官報、鉄道院(省)年報、地方鉄道・軌道一覧、国立公文書館、東京都公文書館、国鉄百年史、各社社史、各審議会答申、朝日新聞、読売新聞、鉄道ピクトリアル、森口誠之・草町義和・川島令三氏著書など

杉並鉄道年表

【明治時代】

年月日	経路	鉄道等の主な出来事
1869(M02)/--/—	青梅街道	営業馬車、日本橋〜青梅街道〜扇町屋（埼玉県入間市）間開業
1869(M02)/09/—	その他	指田茂十郎・田村半十郎・砂川源右衛門ら、羽村〜四谷大木戸間を玉川上水での通船出願（1870年4月15日許可、1872年5月30日中止）
1872(M05)/05/22	行　政	東京府のうち現杉並区などの多摩郡を神奈川県管轄に移管
1872(M05)/09/10	行　政	神奈川県のうち現杉並区などの多摩郡区域を東京府の管轄に戻す
1872(M05)/10/14	東海道線	わが国初の鉄道、新橋〜横浜間開業
1872(M05)/--/--	甲州街道	「甲州街道馬車会社」が東京〜八王子間を会社組織で開業
1879(M12)/03/—	青梅街道	小金井桜の時期に新宿から往復馬車運転
1880(M13)/05/29	甲州街道	甲州街道馬車会社、四ツ谷〜高井戸〜府中間開業
1883(M16)/08/22	甲武鉄道	服部九一ら、新宿〜（玉川上水沿線）〜羽村間で馬車鉄道出願（却下）
1884(M17)/04/22	甲武鉄道	甲武馬車鉄道、新宿〜和田堀内〜砂川〜羽村間出願
1884(M17)/06/16	甲武鉄道	和泉村民ら、馬車鉄道出願に詳細伺書（反対意見）提出
1885(M18)/03/01	山手線	日本鉄道・品川線（品川〜新宿〜赤羽間＝現・山手線）開業
1885(M18)/05/25	甲武鉄道	甲武馬車鉄道、新宿〜砂川〜八王子間へ変更出願（1886年11月10日許可）
1885(M18)/08/--	甲武鉄道	角筈村民ら、甲武馬車鉄道敷設反対請願書提出
1885(M18)/09/02	甲武鉄道	和田村民ら、甲武馬車鉄道敷設反対請願書提出
1886(M19)/12/14	甲武鉄道	甲武馬車鉄道、馬車鉄道から蒸気鉄道へ変更出願
1886(M19)/12/16	甲武鉄道	武甲鉄道、新宿〜立川〜羽村〜青梅間を蒸気機関車で敷設出願
1886(M19)/12/28	甲武鉄道	武蔵鉄道、八王子〜川崎間出願（1887年7月4日却下）
1887(M20)/01/30	甲武鉄道	甲武馬車鉄道、武甲鉄道と合同。武甲は1887年2月4日出願取下げ
1887(M20)/12/--	甲武鉄道	甲武馬車鉄道、中野〜立川〜八王子間の一直線ルートで敷設を決定
1888(M21)/01/17	甲武鉄道	井上鉄道局長官、甲武鉄道線を日本鉄道支線とみなして鉄道局で建設へ

1888(M21)/03/31	甲武鉄道	甲武馬車鉄道、新宿〜八王子間の免許取得で「甲武鉄道」と正式に改称
1889(M22)/04/11	甲武鉄道	甲武鉄道、新宿〜立川間開業（新宿・中野・境・国分寺・立川の5駅開業）
1889(M22)/04/17	甲武鉄道	甲武鉄道、新宿〜境間に観桜列車運転
1889(M22)/05/01	行　政	旧各村を合併し「杉並村」「井荻村」「高井戸村」「和田堀内村」が発足
1889(M22)/08/11	甲武鉄道	甲武鉄道、立川〜八王子間延伸で「新八線」全通。新橋〜八王子間直通運転も
1890(M23)/06/01	甲武鉄道	甲武鉄道、新宿〜八王子間1日5往復に、新橋〜八王子間直通運転を廃止
1891(M24)/12/21	甲武鉄道	甲武鉄道、荻窪駅開業
1894(M27)/09/17	甲武鉄道	甲武鉄道、陸軍の委嘱受け青山練兵場へ軍用線、青山軍用駅建設
1894(M27)/09/17	甲武鉄道	甲武鉄道、市街線（新宿〜牛込間）開業
1894(M27)/12/21	甲武鉄道	甲武鉄道系列会社・川越鉄道川越線(現西武国分寺・新宿線)、国分寺〜久米川間開業
1894(M27)/11/19	青梅鉄道	青梅鉄道、立川〜青梅間開業
1896(M29)/07/07	青梅街道	堀之内軌道、新宿〜荻窪間、青梅街道（鍋屋横丁）〜中野駅間、青梅街道（鍋屋横丁）〜堀之内・妙法寺間出願
1896(M29)/09/21	未 成 線	武蔵興業鉄道、荻窪駅〜田無〜所沢〜飯能間出願（1897年6月却下）
1896(M29)/--/--	未 成 線	小金井電気軌道、高田馬場〜天沼〜中通り〜原〜吉祥寺〜田無間計画
1897(M30)/06/20	鉄道大隊	鉄道大隊、牛込・陸軍士官学校から中野に転営
1897(M30)/08/07	青梅街道	堀之内軌道、堀之内電気鉄道と改称し、動力を蒸気から電気に変更。終点・田無を所沢へ延伸出願。青梅街道〜中野駅間、青梅街道〜堀之内・妙法寺間は出願取下げ
1897(M30)/12/08	青梅街道	堀之内電鉄、新宿〜荻窪〜田無〜所沢間に特許。新宿〜内藤新宿間却下(電鉄、内務省に不服申し立ても却下される)
1898(M31)/02/26	青梅街道	堀之内自動鉄道（堀之内電鉄改称。内務省が改称命令）、動力をセルポーレ式に変更。新宿〜荻窪〜田無〜所沢間工事認可（工事へ着手）
1900(M33)/07/14	青梅街道	堀之内自動鉄道、新宿〜所沢間を新宿〜田無間に短縮変更出願（1907年路線変更再出願）
1904(M37)/08/21	甲武鉄道	甲武鉄道、飯田町〜中野間電化（日本初の通勤電車）
1905(M38)/12/12	京 王 線	日本電気鉄道（後の京王電気軌道）、新宿〜府中間出願（1907年6月25日免許）
1906(M39)/10/01	中 央 線	国有鉄道法施行。甲武鉄道は国有鉄道となり「中央線」と改称
1906(M39)/10/26	青梅街道	堀之内自動鉄道、堀之内軌道と再改称。動力を蒸気機関車に戻し再出願

1907(M40)/06/25	京 王 線	武蔵電鉄(旧・日本電気鉄道)、新宿〜府中間免許(1905年12月12日出願)
1907(M39)/11/頃	鉄道大隊	鉄道連隊に昇格し千葉県へ移転
1909(M42)/10/12	中 央 線	昌平橋〜新宿〜塩尻〜篠ノ井間が「中央東線」に
1910(M43)/03/16	中 央 線	中野〜吉祥寺間複線化
1910(M43)/07/07	青梅街道	堀之内軌道、青梅街道上を試運転
1910(M43)/07/14	青梅街道	堀之内軌道、西武軌道(西武の社名の元祖)と改称。レール・機関車売却、工事は休眠状態で、内務省・警視庁から工事促進の警告受ける。
1910(M43)/09/21	京 王 線	武蔵電鉄、「京王電気軌道」に改称
1911(M44)/01/31	中 央 線	女学生通学用婦人専用車を運転
1911(M44)/05/01	中 央 線	昌平橋〜塩尻〜木曽福島間開業で「中央本線」に改称
1911(M44)/10/--	そ の 他	武蔵野鉄道(現・西武池袋線)、飯能〜巣鴨(後に池袋に変更)間出願
1911(M44)/05/01	中 央 線	昌平橋〜新宿〜塩尻〜名古屋間の中央本線全通
1912(M45)/04/--	中 央 線	婦人専用車を連結
1912(M45)/04/08	西武新宿	川越鉄道、東村山〜田無〜井荻〜中野間出願(1913年3月却下)
1912(M45)/05/07	西武鉄道	武蔵野鉄道設立(現西武鉄道創立記念日)

【大正時代】

年月日	経路	鉄道等の主な出来事
1913(T02)/04/15	京 王 線	京王電気軌道(現京王電鉄)、笹塚〜調布間開業(笹塚〜新宿間路線バス)
1913(T02)/04/15	青梅街道	西武軌道、淀橋〜荻窪間、荻窪〜田無間分断施工に免許
1913(T02)/06/--	そ の 他	新宿〜堀之内間に路線バス(青バス)開通
1913(T02)/12/28	西武新宿	村山軽便鉄道、箱根ケ崎〜井荻村〜杉並村間出願
1914(T03)/05/01	そ の 他	東上鉄道(現・東武東上線)、池袋〜田面沢(川越付近)間開業
1914(T03)/12/20	東海道線	東京駅開業、東京駅が起点に
1915(T04)/03/25	西武新宿	村山軽便鉄道、箱根ケ崎〜戸塚間を吉祥寺間に変更・免許
1915(T04)/04/15	そ の 他	武蔵野鉄道(現・西武池袋線)、池袋〜所沢〜飯能間開業

1916(T05)/05/01	京 王 線	京王電軌、松沢駅（現八幡山駅）開業
1916(T05)/05/—	西武新宿	川越鉄道、村山軽便鉄道の箱根ケ崎～武蔵野村間敷設権買収
1919(T08)/01/25	中 央 線	中野～荻窪～吉祥寺間電化
1919(T08)/03/01	中 央 線	中野～新宿～東京～品川～新宿～池袋～上野間の「の」の字運転開始
1921(T09)/02/08	未 成 線	村山軽便鉄道、吉祥寺～上井草間出願（1923年免許、1927年失効）
1921(T09)/06/01	青梅街道	武蔵水電、川越鉄道を吸収合併
1921(T10)/02/09	青梅街道	西武軌道、淀橋～荻窪間工事延期出願（遅延に3カ月以内に着工指示）
1921(T10)/05/03	青梅街道	武蔵水電、吉祥寺～新宿間出願（1921年5月24日取下げ）
1921(T10)/08/26	青梅街道	西武軌道、淀橋～荻窪（南口）間開業。天神前・妙法寺口・高円寺・馬橋・西馬橋・阿佐ヶ谷・田端・成宗・天沼・荻窪停留場設置
1921(T10)/10/01	青梅街道	西武軌道、武蔵水電へ合併。武蔵水電は鉄道経営に感心はなかった
1921(T10)/12/14	未 成 線	村山軽便鉄道、箱根ヶ崎～田無～荻窪間出願（1923年免許取得も、1924年4月に西武鉄道へ譲渡）
1922(T11)/06/01	青梅街道	武蔵水電、帝国電灯へ合併される
1922(T11)/06/02	青梅街道	帝国電灯、軌道事業を分離し武蔵鉄道に譲渡
1922(T11)/07/15	中 央 線	高円寺駅、阿佐ケ谷駅、西荻窪駅開業
1922(T11)/08/15	青梅街道	武蔵鉄道が「西武鉄道」を設立
1922(T11)/11/16	青梅街道	帝国電燈、鉄軌道部門を西武鉄道（旧）へ譲渡
1922(T11)/12/01	青梅街道	旧西武鉄道軌道線、淀橋～角筈（現西武新宿駅付近の大ガード下付近）開業
1923(T12)/02/—	青梅街道	田無・保谷・石神井住民、西武軌道（田無～荻窪間）延長敷設促成請願書提出
1923(T12)/09/01	社 　 会	関東大震災発生
1923(T12)/11/16	未 成 線	東京郊外電気鉄道、渋谷～和田堀内～高井戸村～井荻～東村山間出願
1923(T12)/12/18	未 成 線	東京郊外電気鉄道、南北線（渋谷～和田堀内～杉並～巣鴨間）、東西線（角筈～和田堀内～高井戸～武蔵野～石神井～井荻～野方～下戸塚間）出願
1924(T13)/04/12	西武新宿	旧西武鉄道、旧村山軽便鉄道の箱根ヶ崎～田無～荻窪間免許の引継ぎ
1924(T13)/06/01	行 　 政	町制施行で「杉並町」発足。「井荻町」「高井戸町」「和田堀町」（「和田堀内村」を改称）は1926年7月1日に町制施行

175

1924(T13)/06/--	西武鉄道	旧西武鉄道、新宿～国分寺間（後に中野～多摩村間に変更）出願
1924(T13)/09/05	西武新宿	旧西武鉄道、田無～井荻～高田馬場間に変更出願（1925年1月免許）
1925(T14)/03/24	京王線	玉南電気鉄道、府中～東八王子（現・京王八王子）間開業
1925(T14)/04/--	未成線	西武急行鉄道、戸塚町～杉並～井荻町～高井戸～国分寺～立川間出願
1925(T14)/07/01	中央線	ラッシュ時に中野～東京間3分間隔、中野～吉祥寺間12分間隔運転
1926(T15)/01/17	未成線	多摩川急行鉄道（支線）、世田谷村～和田堀内～高井戸～武蔵野村（却下）
1926(T15)/09/15	青梅街道	西武鉄道軌道線、角筈～新宿駅前（新宿駅東口）開業
1926(T15)/09/27	未成線	立新電気鉄道、新宿～中野～和田堀内～高井戸～三鷹村～調布～府中～立川間出願（却下）
1926(T15)/09/--	未成線	東京山手急行電鉄、大井町～杉並～西平井(洲崎)間出願（1927年4月免許）
1926(T15)/10/--	未成線	鉄道省、東京近郊地方鉄道網立案、①環状2号線…丸子多摩川～荻窪～上板橋～洲崎間（見送り）　②放射2号線…渋谷～高井戸～吉祥寺間（1928・城西電鉄出願）、③放射3号線…新宿～方南～打越～多摩原間（見送り）

【昭和戦前時代】

年月日	経路	鉄道等の主な出来事
1926(S01)/12/01	青梅街道	旧西武鉄道軌道線、青梅架道橋下（大ガード下）～新宿駅間開業
1927(S02)/01/--	西武新宿	旧西武鉄道・村山線（現・西武新宿線）、東村山～高田馬場（仮）間着工。千葉県津田沼の第1兵隊の演習として建設され、工事費は無料同然で短期敷設
1927(S02)/04/01	小田急	小田原急行鉄道（現小田急電鉄）、新宿～小田原間開業
1927(S02)/04/16	西武新宿	旧西武鉄道・村山線（現西武新宿線）、東村山～高田馬場（仮）間開業（早稲田乗入れ計画）。下井草・井荻・上井草駅開業
1927(S02)/04/19	未成線	旧西武鉄道、角筈（新宿）～久我山～府中～立川間免許（1941年5月14日失効）
1927(S02)/07/01	西武鉄道	西武鉄道、豊島線（練馬～豊島園間）開業
1927(S02)/11/05	未成線	金町電鉄（後の大東京鉄道）、金町～荻窪～鶴見間出願
1928(S03)/01/30	井の頭線	城西電気鉄道、渋谷～高井戸～吉祥寺間出願（1928年7月1日免許）
1928(S03)/02/09	井の頭線	城西電気鉄道、渋谷急行電鉄と改称
1928(S03)/05/22	京王線	京王電軌軌道、玉南電鉄を合併。改軌し新宿追分～東八王子間直通運転

1928(S03)/02/27	未 成 線	大東京鉄道（旧・金町電鉄）、荻窪～下井草～練馬～金町間免許（金町～荻窪～鶴見間に半環状線構想＝ 1935 年 12 月 29 日失効）。
1928(S03)/05/--	未 成 線	渋谷急行電鉄、松原（現明大前）～高円寺間出願（1930 年 7 月却下）
1928(S03)/05/--	中 央 線	新宿～中野間電化。蒸気機関車と電車を併用運転
1928(S03)/05/22	京 王 線	京王電気軌道、旧玉南電軌間変更し新宿～東八王子（現京王八王子）間直通運転開始
1928(S03)/06/30	未 成 線	大東京鉄道、荻窪（井荻村）～西永福～下高井戸～経堂～鶴見（横浜市鶴見区豊岡町）間免許（鶴見～荻窪～金町間に半環状線構想＝ 1935 年 12 月 29 日失効）。
1928(S03)/07/01	井の頭線	渋谷急行電鉄、渋谷～高井戸～武蔵野村（現・吉祥寺）間免許譲受
1928(S03)/--/--	未 成 線	東京川越電気鉄道、高田馬場駅～大久保～落合～野方～中新井～井荻村～石神井～大泉～清瀬～吾妻～所沢間計画
1929(S04)/05/--	未 成 線	東京山手急行、路線変更出願（大井町～自由ケ丘～梅が丘～明大前～中野～駒込間＝掘割式建設取止め＝ 1929 年 10 月免許（1940 年 3 月廃止）
1929(S04)/06/27	未 成 線	大東京鉄道、荻窪～大宮間免許（1934 年 4 月 27 日失効）
1929(S04)/05/--	未 成 線	中央急行電気鉄道、①荻窪駅～野方～中野～大久保～新宿駅間計画　②荻窪駅～世田谷～砧～高津～城郷～南太田～上練馬～板橋～長崎～池袋間計画　③杉並村～井荻村間計画　④荻窪駅～上練馬～笹目～浦和～大宮駅間計画
1930(S05)/11/29	井の頭線	東京山手急行電鉄、東京郊外鉄道と改称（併せて、渋谷急行電鉄を買収）
1931(S06)/02/28	井の頭線	東京郊外鉄道、渋谷急行電気鉄道を合併
1931(S06)/06/--	井の頭線	東京郊外鉄道、渋谷～武蔵野村間工事着手
1932(S07)/10/01	その他	大東京市制施行で杉並町・井荻町・高井戸町・和田堀町が合併し杉並区誕生
1933(S08)/01/15	井の頭線	東京郊外鉄道、「帝都電鉄」と改称
1933(S08)/05/--	中 央 線	東京～中野間に急行電車（快速電車の始め）
1933(S08)/08/01	井の頭線	帝都電鉄（現京王井の頭線）、渋谷～井の頭公園間開業。松原・永福町・西永福・浜田山・高井戸・富士見ヶ丘・久我山駅開業
1934(S09)/04/01	井の頭線	帝都電鉄、井の頭～吉祥寺間開業で現井の頭線全通
1935(S10)/02/08	井の頭線	帝都電鉄、松原駅を明大前駅に改称
1935(S10)/12/27	青梅街道	西武鉄道軌道（新宿～荻窪）線間を東京乗合自動車（青バス）に「向こう10 年間運行委託」決める。「管理維持は西武軌道、東京乗合は使用料等を支払う。新宿ガード下～新宿駅前間は将来村山線を新宿迄延長する必要性が生じたときは、委託期間中であっても事前交渉なく中止を申し出ることができる」が付帯条件

1936(S11)/08/29	西武新宿	上井草運動場竣工（セネタース本拠地。西武鉄道資本参加40％）
1937(S12)/09/01	京王線	松沢駅を八幡山駅、上高井戸駅を芦花公園駅に改称
1938(S13)/10/01	中央線	西荻窪駅南口開設
1938(S13)/04/25	青梅街道	東京乗合自動車、東京地下鉄道に合併される（西武軌道線、委託先変更）
1940(S15)/05/01	井の頭線	帝都電鉄、小田原急行鉄道に吸収合併。小田原急行鉄道・帝都線に
1941(S16)/03/01	小田急電	小田原急行・鬼怒川水電と合併、小田急電鉄と改称
1941(S16)/03/01	東京都電	西武鉄道、東京市へ軌道線の譲渡申し入れ
1941(S16)/07/14	丸ノ内線	東京地下鉄道、帝都高速度交通営団法に基づき帝都高速度交通営団に改組
1942(S17)/02/01	東京都電	西武軌道（新宿～荻窪間）線、東京市に経営委託（市電36番系統に（1941年7月の鉄道省指示に基づく）
1942(S17)/05/26	井の頭線	小田原電鉄が東京横浜電鉄と吸収合併で東京急行電鉄設立。帝都線は「東京急行電鉄・井の頭線」と改称
1942(S17)/10/01	中央線	鉄道省、列車時刻に24時間制を採用
1943(S18)/06/--	西武新宿	西武鉄道、社長に堤康次郎就任
1943(S18)/07/01	東京都電	都制施行に伴い新宿～荻窪間線、都電36番系統（委託のまま）に
1943(S18)/末/--	東京都電	東京都、陸上交通事業調整法の趣旨に基づき、委託都電（西武軌道線）買収の申し入れも価格面で物別れ
1944(S19)/05/31	京王線	京王電気軌道、東京急行電鉄へ吸収合併
1944(S19)/06/10	西武新宿	西武鉄道、都民の糞尿を沿線農家に肥料として供給の「糞尿電車」開始（1953年3月30日まで）
1944(S19)/11/21	西武新宿	沿線住民、西武鉄道の糞尿輸送開始を祝い、井荻駅前で祝賀会
1945(S20)/05/25	井の頭線	永福町駅、東京大空襲で車庫被災、全車両31両のうち24両を消失。翌6月から代田2丁目（現新代田）～小田原線・世田谷中原（現世田谷代田）間を結ぶ代田連絡線を敷設に救急車両を運行（1953年9月まで運行）
1945(S20)/05/25	中央線	高円寺駅、東京大空襲で駅舎消失

【昭和戦後時代】

年月日	経路	鉄道等の主な出来事
1945(S20)/09/22	西武新宿	武蔵野鉄道、旧西武鉄道（食糧増産株式会社も）を合併、「西武農業鉄道」と改称
1945(S20)/12/--	東京都電	西武鉄道軌道線、系統番号変更で都電14系統も都への委託運行続く

1946(S21)/10/--	東京都電	東京都、再度西武鉄道へ受託都電の買収申し入れも価格面で物別れ
1946(S21)/11/15	西武新宿	西武農業鉄道、西武鉄道と改称
1946(S21)/12/07	丸ノ内線	戦災復興院、「東京都市計画高速鉄道網」（地下鉄）を改定、中野富士見町～本町通り（中野坂上）～新宿～池袋～向原町間を告示
1948(S23)/06/01	井の頭線 京 王 線	京王電気軌道、東京急行から分離。京王電気軌道と帝都線が統合し「京王帝都電鉄」に。「京王線」と「京王帝都・井の頭線」と路線名改称
1948(S23)/07/--	東京都電	西武鉄道、東京都に「車両・設備を他に使うために軌道をトロリーバスに変更」の申し入れ
1948(S23)/12/10	井の頭線	京王帝都電鉄、井の頭線延長（吉祥寺～東久留米間）出願（1958年12月取下げ）
1948(S23)/12/20	井の頭線	京王帝都電鉄、久我山～三鷹町役場～基督教大学建設予定地～中島飛行機武蔵野～田無駅間計画発表（未成に）
1949(S24)/02/01	東京都電	東京都、西武鉄道のトロリーバス化で「完成後は都に譲渡」を条件に受諾、契約書締結
1949(S24)/06/01	中 央 線	日本国有鉄道発足。中央線に婦人子供専用車
1949(S24)/06/27	中 央 線	東京～青梅間直通電車
1949(S24)/10/--	東京都電	東京都交通委員会、杉並線買収決定。西武鉄道に譲渡申し入れ
1950(S25)/08/--	東京都電	西武鉄道、新宿ガード下～新宿駅前間を復活しないのは委託経営協定事項違反で、協定改称と損害賠償の申し入れ。
1950(S25)/09/15	未 成 線	西武鉄道、杉並車庫～多磨墓地前間出願（1958年10月16日取下げ）
1951(S26)/04/05	東京都電	西武鉄道軌道（新宿～荻窪間）線、都に譲渡。高円寺線・荻窪線は「都電杉並線」（通称）となる
1951(S26)/04/--	そ の 他	荻窪駅北口駅前マーケット火災
1951(S26)/04/--	東京都電	角筈1丁目～杉並車庫間複線化
1952(S27)/03/25	西武新宿	西武鉄道、高田馬場～西武新宿間延伸開業。「西武新宿線」に改称
1952(S27)/06/--	そ の 他	中杉通り（中央線阿佐ケ谷駅南側）開通
1952(S27)/12/25	東京都電	杉並車庫～杉並区役所前間複線化
1952(S27)/12/01	中 央 線	準急列車運転開始
1952(S27)/12/25	京 王 線	永福町駅を4線化
1953(S28)/04/20	中 央 線	中央線、2分間隔運転開始

1952(S26)/11/--	東京都電	杉並区役所前〜成宗間複線化
1953(S28)/12/01	丸ノ内線	池袋〜新宿間を「丸ノ内線」と呼称決定
1954(S29)/08/10	井の頭線	京王帝都電鉄（地下鉄）、新宿〜中野富士見町〜堀ノ内2丁目〜大宮公園前〜成宗〜上高井戸〜富士見ヶ丘駅間出願（営団計画線と重複。立川線と二重申請で取下げ）
1954(S29)/10/01	中央線	中央線、9両編成に
1955(S30)/09/--	京王線	京王帝都電鉄、富士見ヶ丘〜久我山〜牟礼〜北野〜新川〜野崎〜深大寺〜大沢〜南武線・西国立間計画発表・出願（未成に）
1955(S30)/12/27	井の頭線	京王帝都電鉄・立川線、富士見ヶ丘〜牟礼〜野崎〜大沢〜小金井貫井〜国分寺西本町〜府中市・武蔵台〜国分寺市西本町〜国立市内〜南武線・西国立間出願（相模線計画で1957年10月取下げ）
1956(S31)/01/29	東京都電	都電杉並線・荻窪停留場、北口に移設し「荻窪駅前停留場」と改称
1956(S31)/11/19	中央線	国鉄、下り電車の婦人子供専用車を廃止
1957(S32)/06/18	丸ノ内線	営団地下鉄、新宿〜荻窪、本町通（中野坂上）〜方南町間敷設免許申請（1958年3月免許）
1957(S32)/--/--	中央線	国鉄、2等車廃止。代わりに「老幼優先車」設定
1957(S32)/12/26	中央線	国鉄、モハ90型（オレンジ色車体。後の101系）電車運転。カラー国電の始まり
1958(S33)/02/01	丸ノ内線	営団地下鉄、新宿〜荻窪、本町通（現・中野坂上）〜方南町間免許（1957年6月18日出願）
1959(S34)/03/15	丸ノ内線	営団地下鉄、丸ノ内線全通（池袋〜新宿間）
1959(S34)/11/09	中央線	平日に限り急行電車（1961年3月に「快速」に改称）の終日運行開始
1960(S35)/04/--	中央線	国鉄、荻窪駅西口跨線橋使用開始。この頃に「阿佐ケ谷南本通商店街（通称・阿佐ケ谷商店街）」を「パールセンター」に改称
1960(S35)/04/25	中央線	国鉄、新宿〜松本間に気動車急行「第一アルプス」運転
1960(S35)/10/21	丸ノ内線	営団地下鉄、新宿〜荻窪間路線名を「荻窪線」の呼称決定
1961(S36)/03/20	中央線	東京〜浅川（現高尾）間の急行電車を「快速電車」と改称。
1961(S56)/07/--	中央線	杉並区民と国鉄間で「高架・複々線化での用地確保に協力する替わりに、快速電車は杉並各駅に停車させる」の覚書・協定を締結
1961(S36)/11/01	丸ノ内線	営団地下鉄・荻窪線、新中野〜南阿佐ケ谷間開業（初乗り20円）。新高円寺・南阿佐ケ谷駅開業
1961(S36)/11/--	丸ノ内線	都電杉並線撤去反対協議会発足

1962(S37)/01/23	丸ノ内線	営団地下鉄・荻窪線 (現・丸ノ内線)、南阿佐ケ谷〜荻窪開通で全通。荻窪駅開業
1962(S37)/03/23	丸ノ内線	営団地下鉄・荻窪線方南町支線 (中野坂上〜方南町) 開業。方南町駅開業
1963(S38)/06/--	中央線	西荻窪駅改築、南口開設
1963(S38)/11/30	東京都電	都電杉並線、廃止 (都電初の廃止)。この頃に環状 7 号線開通
1964(S39)/09/18	丸ノ内線	営団地下鉄・荻窪線、東高円寺駅開業
1964(S39)/09/22	中央線	中野〜荻窪間高架化、地上複線と高架複線を併用して運転開始
1964(S39)/10/01	その他	東海道新幹線開業。10 日から東京オリンピック開催
1966(S41)/03/16	東西線	営団地下鉄・東西線、竹橋〜中野間開通
1966(S41)/04/28	中央線	中野〜荻窪間複々線化。休日にも快速運転の終日運転
1966(S41)/12/12	中央線	新宿〜松本間に「特急あずさ」運転開始
1967(S42)/07/03	中央線	中野〜高尾間、国電区間で同間に「特別快速」運転
1967(S42)/09/17	中央線	阿佐ケ谷駅の駅高架下のダイヤ街で火災、23 店を焼く
1967(S42)/10/29	中央線	荻窪〜三鷹間高架化
1968(S43)/03/28	中央線	総武線、荻窪〜成田間に 101 系 1 往復運転開始
1968(S43)/07/13	総武線	総武線、荻窪〜木更津間に 101 系 1 往復運転開始
1968(S43)/08/15	中央線	国鉄、路線ごとの車両色の規定を改定。中央線快速は「朱色 1 号」に
1968(S43)/12/28	中央線	区長と国鉄旅客局長「①平日は中野〜三鷹間の各駅に停車させる②将来、三鷹以西への路線増設を計画するにあたっては中野〜三鷹間を含めて、その輸送方式を検討する」旨の覚書交換
1969(S44)/04/06	中央線	荻窪〜三鷹間複々線化。総武線・地下鉄東西線を三鷹まで延伸
1970(S45)/03/--	中央線	手小荷物取り扱い廃止
1970(S45)/04/01	井の頭線	井の頭線、永福町車両工場・車庫を富士見ヶ丘に移転
1971(S46)/12/15	井の頭線	井の頭線、永福町駅に待避線を設置し、急行運転を開始
1972(S47)/07/15	中央線	快速電車下りを東京発 23 時まで延長。快速電車に冷房運転開始
1972(S47)/04/01	丸ノ内線	営団地下鉄・荻窪線、「丸ノ内線」に路線名統一

1972(S47)/07/15	中 央 線	国鉄、中央線快速電車に冷房を導入
1973(S48)/08/31	中 央 線	国鉄、婦人子供専用車全面廃止
1973(S48)/09/15	中 央 線	国鉄、初のシルバーシート誕生
1974(S49)/10/21	そ の 他	区立児童交通公園で蒸気機関車 (D51 254) を静態保存
1975(S50)/09/25	中 央 線	高円寺駅・阿佐ケ谷駅・西荻窪駅にエスカレーター設置
1981(S56)/09/29	そ の 他	荻窪駅ステーションビル (ルミネ・タウンセブン) 開業
1984(S59)/03/21	井の頭線	京王電鉄、井の頭線で関東私鉄で初の全電車に冷房
1986(S61)/11/01	中 央 線	東京～高尾間に「通勤快速」運転開始（杉並 4 駅通過）
1987(S62)/04/01	中 央 線	日本国有鉄道廃止、民営・分割化し「JR 東日本」（東日本旅客鉄道）に
1987(S62)/04/--	丸ノ内線	この頃から丸ノ内線車両、赤車体波型模様車両から赤帯車両に変更
1988(S63)/12/01	中 央 線	特別快速を「中央特快」「青梅特快」に分離（杉並 4 駅通過）

【平成時代】

年月日	経路	鉄道等の主な出来事
1991(H03)/12/21	中 央 線	荻窪駅開業 100 年
1993(H04)/04/10	中 央 線	「通勤特快」運行開始（杉並 4 駅通過）。
1994(H06)/12/03	中 央 線	高円寺・阿佐ケ谷・西荻窪駅、日曜・祝休日に加え土曜日も快速電車通過へ
1995(H07)/09/01	西武新宿	西武新宿～上石神井間で特別減算運賃（初乗り 200 → 170 円・2002 年まで）
1998(H10)/07/01	京 王 線	京王帝都電鉄、「京王電鉄」に改称
2004(H16)/04/01	丸ノ内線	営団地下鉄、「東京メトロ」（社名：東京地下鉄）に改称

【令和時代】

年月日	経路	鉄道等の主な出来事
2019(R01)/04/11	中 央 線	中央線開業 130 年イベント（130 年ヘッドマーク電車運転など）
2022(R04)/07/15	中 央 線	高円寺・阿佐ケ谷・西荻窪駅、開業 100 年

※年号に諸説ある場合は「日本国有鉄道百年史」「各鉄道会社社史」「区関係出版物」などにある記載を優先した

甲武鉄道（中央線）歴史地図

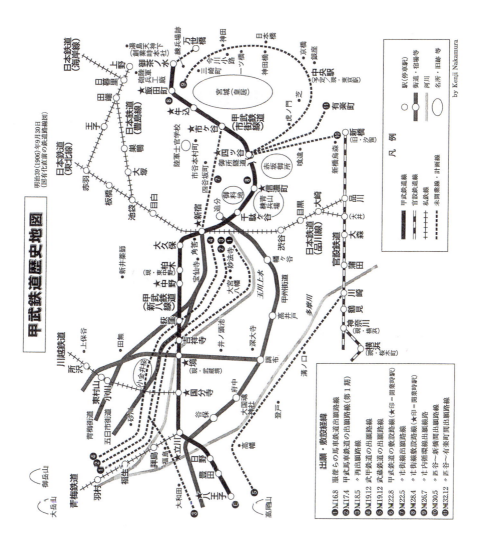

甲武鉄道が国有化される直前の地図。甲武馬車鉄道の計画から国有化までの現中央線の経緯が分かる。境（元武蔵境）や柏木（現東中野）の旧駅名も見える
出典：拙著「中央線誕生」

183

甲武鉄道開業時の広告

開業直後の1週間は試行運転で、その後に本格運転に入るので「改正」となっている

戦前杉並周辺鉄道路線図

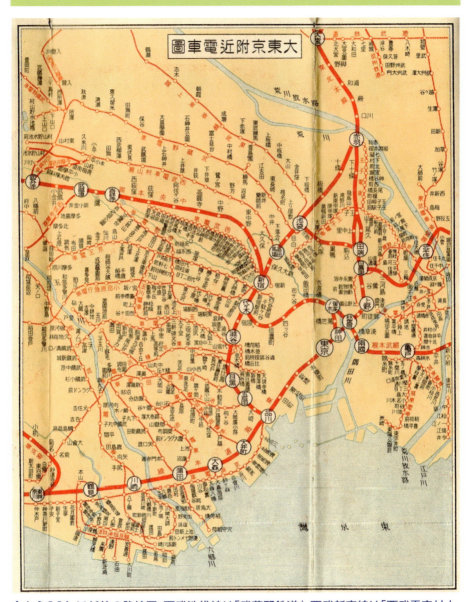

今から90年ほど前の路線図。西武池袋線は「武蔵野鉄道」、西武新宿線は「西武電車村山線」、井の頭線は「帝都電鉄」、小田急線は「小田原急行電車」などの、旧路線名(愛称等も)が見える　出典:東京日日新聞「最新日本鉄道図」(1935年)

主な参考資料等

■ 資料提供（50音順）

桑田忠、京王電鉄、国立公文書館、杉並区（郷土博物館、広報課、産業振興センター＝すぎなみ学倶楽部）、西武鉄道、世田谷区立郷土資料館、田口重久、たましん地域文化財団（歴史資料室）、長渡朗、辻阪昭浩、東京都公文書館、中村恒、森川尚一、諸河久ほか

■ 参考文献

【鉄道総合】

鉄道公文書（国立公文書館等）／日本国有鉄道「日本国有鉄道百年史」（日本国有鉄道）／鉄道省「日本鉄道史」（清文堂）／日本交通協会「鉄道先人録」（日本停車場出版）／鉄道史学会「鉄道史人物事典」（日本経済評論社）／沢和哉「鉄道・明治創業回顧録談」（築地出版）／「明治ニュース事典」「大正ニュース事典」（毎日コミュニケーションズ）／野田正穂・原田勝正・青木栄一・老川慶喜「日本の鉄道」「多摩の鉄道百年」（日本経済評論社）／青木栄一他「民鉄経営の歴史と文化」（古今書院）／広岡治哉「近代日本交通史」（法政大学出版会）／庚申新読社「汽車汽船旅行案内」／「復刻版・明治大正時刻表」（新人物往来社）／川島令三「全国鉄道事情大研究・東京都心編」（草思社）／青木槐三「国鉄人物史」（中央宣興株式会社出版局）／和久田康雄「私鉄百年史」（鉄道図書刊行会）／今尾恵介「地図と鉄道文書で読む私鉄の歩み」（白水社）／多摩信用金庫「多摩のあゆみ」（同金庫）／「鉄道ピクトリアル」（電気車研究会）／各社新聞記事など

【杉並の鉄道】

杉並区役所「杉並区史」「新修杉並区史」「杉並区政史」「すぎなみ区政60年のあゆみ」（同区）／杉並区教育委員会「むかしのすぎなみ〜古老座談会」（同教委）／区立郷土博物館「杉並の交通物語」「炉辺閑話」（同館）／杉並郷土史会「杉並郷土史会報」、森泰樹「杉並区史探訪」「杉並風土記（上中下巻）」（杉並郷土史会）／杉並郷土史会「杉並区の歴史」（名著出版）／南雲武門「躍進の杉並」（杉並公論社等）／木村輝郎「杉並の近世交通野史」（一粒書房）／杉並新聞社「杉並区年鑑」（同新聞社）／記念誌編集委員会「天沼・杉五物がたり」／井口泰吉「内田秀五郎傳」（内田秀五郎翁喜寿祝賀会）／須田慎六「内田秀五郎翁」（内田秀五郎翁還暦祝賀協賛会）／「昭和30年代の中野・杉並」（三冬社）／「目で見る杉並区の百年」（いき出版）」／中野区「中野区史」「中野区民生活史」（同区）／高円寺パル史誌編集委員会「高円寺〜村から街へ」／中村建治「中野区・杉並区古地図散歩」（フォト・パブリッシング）など

【中央線・甲武鉄道】

中村建治「中央線誕生」「中央本線、全線開通！」（交通新聞社）／甲武鉄道「甲武鉄道茂与利名所案内」（金港堂）／菅原恒覧「甲武鉄道市街線紀要」（共益商社書店）／雨宮敬次郎「過去60年事蹟」（桜内幸雄）／東京新聞連載「東京沿線ものがたり」（東京新聞社）／青木栄一「中央線の建設とそのルートを巡って」（鉄道ピクトリアル）／朝日新聞社会部「中央線・東京の動脈いまむかし」（朝日新聞社）／今城光英「甲武鉄道会社の成立と展開」（大東文化大学

経済論集）／老川慶喜「明治期地方鉄道史研究」（日本経済評論社）／山本和加子「青梅街道」
（聚海書林）／おのつよし「日本の鉄道むかしむかし」（新人物往来社）／長谷川孝彦「甲武鉄
道成立の前提」（国史学）／南陀楼綾繁「中央線傑作随筆集」／日本国有鉄道阿佐ケ谷駅「阿
佐ケ谷駅60年史」（同駅）／松葉襄「荻窪駅が生まれた頃の話」（荻窪百点）／青木栄一「鉄
道忌避伝説の謎」（吉川弘文館）／三好好三他「中央線〜オレンジ色の電車今昔50年」（JTB
パブリッシング）／坂上正一「中央線古地図散歩」（フォト・パブリッシング）／南陀楼綾繁「中
央線随筆傑作選」（中公文庫）ほか

【京王電鉄】

京王電気軌道「京王電気軌道株式会社三十年史」（同軌道）／京王帝都電鉄総務部「京王帝
都電鉄三十年史」（同社）／京王電鉄広報部「京王電鉄五十年史」「京王線・井の頭線　むか
し物語」（同社）／鎌田達也「井の頭線の1世紀」（生活情報センター）／岡島建「京王線・井の
頭線沿線の不思議と謎」（実業の日本社）／辻良樹「京王電鉄各駅停車」（洋泉社）／岡田直「地
図で読み解く京王沿線」（三才ブックス）ほか

【西武鉄道】

ネコ・パブリッシング「写真で見る西武鉄道100年」（同社）／日本鉄道車両研究会「西武鉄
道の百年」（彩流社）／矢嶋秀一「西武鉄道」（アルファベータブックス）／高島修一「西武沿
線の不思議と謎」（実業の日本社）ほか

【都電杉並線（西武軌道）】

東京都交通局「東京都交通局四十年史」「東京都交通局50年史」「東京都交通局70年史」「東
京都交通局100年史」「都営交通100年のあゆみ」「都電」「わが街わが都電」（同局）／　三
好好三「都電が走った東京アルバム」（フォト・パブリッシング）／中野区立歴史民俗資料館
「鉄道に見る中野の歴史」（同館）ほか

【地下鉄線】

帝都高速度交通営団「地下鉄荻窪線建設史」（同営団）／東京地下鉄社内報「地下鉄」（同社）
／東京地下鉄道「東京地下鉄道史」（同鉄道）／中村建治「地下鉄誕生」（交通新聞社）ほか

【廃止路線】

中村建治「消えた！東京の鉄道310路線（廃線）」（イカロス出版）／今尾恵介「日本鉄道旅行
地図帳」（新潮社）／山田俊明「東京の鉄道遺産・上下」（けやき出版）／岡本憲之「消散軌道
風景①〜③」「鉄道考古学」（イカロス出版）／宮脇俊三「鉄道廃線跡を歩く・1〜10」（JT
B）／平沼義之他「廃線跡の記録①〜⑤」（三才ブックス）／小牟田哲彦「日本鉄道廃線史」（中
央公論新社）／玉電アーカイブス研究会「あの日、玉電があった」（東急エージェンシー出版部）
／朝日新聞出版「歴史でめぐる鉄道全路線シリーズ」（同出版）／岩淵文人「鉄道大隊」／東村
山郷土研究会「東村山郷土の歩み」）ほか

【未完成路線】

中村建治「東京！消えた鉄道計画（未成線）」（イカロス出版）／森口誠之「鉄道未成線を歩く
〜国鉄・私鉄編」（JTB）、「未成線の謎」（河出書房新社）／川島令三「幻の鉄路を追う」（中
央書院）、「日本の三大都市・幻の鉄道計画」「超新説・全国未完成鉄道路線」（講談社）／草
町義和「鉄道計画は変わる」（交通新聞社）、「鉄道未完成路線を往く」（講談社ビーシー）、「全
国未成線ガイド」（宝島社）、「全国未成線徹底検証」（天夢人）ほか

著者の本
（値段は税込み）

東京 消えた！
全97駅〜写真・きっぷ・
地図でひもとく
首都廃駅のすべて

イカロス出版
1760円

東京 消えた！
鉄道計画・未成線〜
歴史秘話が
読み解く766線

イカロス出版
1760円

消えた！
東京の鉄道〜
歩鉄でひもとく
首都の廃線跡

イカロス出版
1760円

消えた！
東京の名駅〜
失われた『個性派』
駅舎を巡る

イカロス出版
1870円

消えた！
東京の駅名〜
『名称』はなぜ変
えられたのか？

イカロス出版
1980円

明治・大正・昭和の
鉄道地図を読む〜
時代に織り込まれた鉄路
のフシギを解き明かす

イカロス出版
1980円

東京、鉄道
バトル〜
戦略に生涯を
賭けた経営者たち

イカロス出版
1760円

鉄道ツアー旅〜
日本列島
『団体鉄』満喫
20コース

ブイツーソリュー
ション 990円

中央線誕生
本の風景社
1650円

山手線誕生
イカロス出版
1771円

メトロ誕生
交通新聞社
1980円

東海道線誕生
イカロス出版
1980円

日本鉄道の野望
交通新聞社
880円

中央線誕生
交通新聞社
880円

地下鉄誕生
交通新聞社
880円

鉄道唱歌の謎
交通新聞社
880円

中央本線、
全線開通！
交通新聞社
880円

都電荒川線
の全記録
フォト・パブリッ
シング　2970円

中野区・杉並区
古地図散歩
フォト・パブリッ
シング　2090円

板橋区・練馬区
古地図散歩
フォト・パブリッ
シング　2640円

あとがき

第2の故郷・杉並に感謝を込めて

私は終戦時に、中央本線が走る山梨県大月市に生まれました。鉄道といえば、中央本線・猿橋〜大月間の高校通学と、大月〜田野倉間の「富士山麓電鉄」（現「富士山麓電鉄富士急行線」）へたまに乗るくらいで、鉄道趣味には全くの無縁で関心もありませんでした。

交通便利な杉並区には子どもの頃から縁がありました。兄弟を学校に通わせるために、父が西田町（現成田西）に家を確保し住まわせていました。自分は夏・冬休みなどには同家へ入り浸り、

中央線や都電・バスなどを使って都内各地を見物したものです。

都電廃止から2年後の1965（昭和40）年4月に、兄らと同居して杉並生活へ入りました。学校のキャンパスは井の頭線・明大前駅と中央線・御茶ノ水駅にあったので、浜田山駅と阿佐ケ谷駅まで20分ほどを歩いて通学しました。

この頃に兄から誘われて、新宿発の中央線夜行列車「アルプス」を乗り継ぎ、松本電鉄（現アルピコ交通）で上高地へ旅したことを機に「乗り鉄」の魅力へはまっていきます。

それからは学期末休暇などを利用して、訳もなく北から南まで全国を乗り鉄して鉄道旅を楽しみました。

【写真❶】
入区した頃の区役所庁舎はまだ5階建てだった
提供：区広報課

就職先も地元・杉並区役所で、ますます区との縁が深くなっていきます。当時は既に都電杉並線も廃止となり、その2年ほど前にデビューした波形模様の真っ赤な車体の荻窪線（現丸ノ内線）に興奮しました。交通便利な杉並区勤務とは言え、屋外仕事は自転車オンリーでした。自転車にうまく乗れない自分は、上司や同僚に迷惑をかけたものです。

40年ほどを区政に携わりながら、15カ所ほどの部署を異動してきました。30歳代には広報課への配属となり、広報紙などの編集に携わることとなります。同課では「区制50周年記念事業」も担当しており、グラフ誌の編集や区歌・音頭の制定などを担当しました。その他に「新修杉並区史」の編さんも手伝うことになり、杉並区の歴史に触れる機会に恵まれます。執筆の先生方と話しているうちに、甲武鉄道など地元の

【写真❷】興奮して初乗りした初代新幹線・ゼロ系の先頭車両の前で（1966年2月、名古屋駅で）

鉄道への関心が高まっていきます。これを契機に杉並の鉄道資料を収集してきました。

定年後にはこれまで集めた資料を基にしての、出版や論文、講座・講演などでの発表の機会に恵まれました。しかし人生節目の喜寿・77歳を迎えた今、在住在勤等で長い間お世話になった杉並へ感謝を込めて、本書を後世に残すことにしました。

まだまだ研究不足で、内容として物足りない面があると思いますが、最後までお付き合いをいただいた皆様に感謝いたします。

2024（令和6）年8月　中村 建治

著者プロフィール　　　　　　　　　　　　　　　　　　　　　中村 建治（なかむらけんじ）

1946（昭和21）年、山梨県大月市生まれ。上京後の大半を杉並に住む。明治大学政治経済学部卒。元杉並区職員で広報・地域・防災・福祉・教育行政などを担当。鉄道史学会会員。著書に「中野区・杉並区古地図散歩」「鉄道地図で読む明治・大正・昭和」の他、「消えた！東京の駅名」「東京・消えた！全97駅」等の「消えた！東京の鉄道シリーズ」、「中央線誕生」「中央本線、全線開通！」「山手線誕生」「東海道線誕生」「地下鉄誕生」等の「鉄道誕生シリーズ」など多数。分担執筆に「杉並区政史」「鉄道史人物事典」等がある。20年にわたり阿佐谷で月1回の鉄道趣味サークルを運営中。
申し込み・問い合わせ先：nkmr0331@outlook.jp

歴史データで読み解く 杉並の鉄道

発行日 …………… 2024年12月18日　第1刷　　※定価はカバーに表示してあります。

著　者 …………… 中村建治
発行人 …………… 福原文彦
発行元 …………… 株式会社フォト・パブリッシング
　　　　　　　　　〒171-0032　東京都豊島区雑司が谷3-3-25
　　　　　　　　　TEL.03-6914-0121　FAX.03-5955-8101
発売元 …………… 株式会社メディアパル（共同出版者・流通責任者）
　　　　　　　　　〒162-8710　東京都新宿区東五軒町6-24
　　　　　　　　　TEL.03-5216-1171　FAX.03-3235-4645
デザイン・DTP … クロスロード
印刷所 …………… 株式会社サンエー印刷

この印刷物は環境に配慮し、地産地消・輸送マイレージに配慮したライスインキを使用しているバイオマス認証製品です。

ISBN978-4-8021-3500-9　C0026
本書の内容についてのお問い合わせは、上記の著者プロフィール欄に掲載のEメールアドレスまでお願いいたします。